AF204452

LITERATHEK

Herausgegeben von Florian Radvan und Anne Steiner

E. T. A. Hoffmann

Der Sandmann

Bearbeitet von Almut Hoppe

Cornelsen

Literathek

E. T. A. Hoffmann   **Der Sandmann**

Redaktion Mareike Zastrow
Layout und technische Umsetzung Buchgestaltung + Berlin
Umschlaggestaltung HOX designgroup, Kay Bach, Köln

Bildquelle akg-images (S. 6)

www.cornelsen.de

Dieses Werk berücksichtigt die Regeln der reformierten Rechtschreibung und
Zeichensetzung. Ausnahmen bilden Originaltexte, bei denen lizenzrechtliche Gründe
einer Änderung entgegenstehen.

1. Auflage, 5. Druck 2024

Alle Drucke dieser Auflage sind inhaltlich unverändert und
können im Unterricht nebeneinander verwendet werden.

Druck: H. Heenemann, Berlin

ISBN 978-3-06-060331-2

PEFC zertifiziert
Dieses Produkt stammt aus nachhaltig
bewirtschafteten Wäldern und kontrollierten
Quellen.

PEFC™
PEFC/04-31-1156

www.pefc.de

Inhalt

Kurzbiografie

E. T. A. Hoffmann

Selbstbildnis (1820)

Ernst Theodor Amadeus (eigentlich Ernst Theodor Wilhelm) Hoffmann (1776–1822) war ein Universalgenie: ein früh im europäischen Ausland anerkannter Dichter der Romantik, zugleich musikalisch innovativer Komponist, Kapellmeister, Musikkritiker, Theatermann, ausgezeichneter und mutiger Jurist sowie Zeichner und Karikaturist. Sein Leben war geprägt durch Vielseitigkeit auf der einen Seite und Rastlosigkeit auf der anderen: Er übte unterschiedlichste berufliche Tätigkeiten aus, wechselte oft den Wohnort, verliebte sich häufig und oft unglücklich. Gründe dafür, dass sein Leben so unruhig verlief, finden sich sowohl in seinem Naturell und den nebeneinander bestehenden geistig-künstlerischen Aktivitäten als auch in den zeitgeschichtlichen Umständen.

E. T. A. Hoffmann entstammte einer Königsberger Juristenfamilie. Als er zwei Jahre alt war, ließen sich seine Eltern scheiden, und er wuchs in der Familie seiner Mutter auf. Bereits in seiner Schulzeit in Königsberg befreundete er sich mit Theodor Gottlieb von Hippel, der ihm sein Leben lang verbunden bleiben sollte. Hippel beriet Hoffmann nicht nur in allgemeinen Lebensfragen, sondern unterstützte den Freund immer wieder finanziell und setzte sich bis zu Hoffmanns Lebensende für ihn ein.

Als Sechzehnjähriger begann Hoffmann im Jahr 1792 an der Königsberger Universität mit seinem Jurastudium. Nebenbei musizierte und malte er. An seinen Freund Hippel schrieb Hoffmann: »Die Wochentage bin ich Jurist und höchstens etwas Musiker, sonntags am Tage wird gezeichnet und abends bin ich ein sehr witziger Autor bis in die späte Nacht.« (Schnapp 1967, S. 78) Und: »Im Portraitmalen allein glaube ich starke Fortschritte gemacht zu haben.« (Schnapp 1967, S. 141). Daneben gab er Musikunterricht und verliebte sich dabei in seine neun Jahre ältere Musikschülerin Dora Hatt.

Die Jahre von 1796 bis 1798 verbrachte er als Referendar in Glogau/Schlesien, wo er sich mit seiner Cousine Minna Doerffer verlobte. Von dort zog Hoffmann nach Berlin. Hier komponierte er – neben seiner Tätigkeit als Assessor – ein erstes Singspiel, für das sich allerdings kein Verleger fand.

Nach seinem letzten juristischen Examen ging Hoffmann im Jahr 1800 nach Posen, das damals zu Preußen gehörte. Er erhielt eine Stelle im Staatsdienst, machte eine juristische Karriere und führte daneben ein freizügiges Leben als Künstler und Bohemien, indem er intensiv komponierte, schrieb und zeichnete. Doch sein zeichnerisches Talent bremste seine Karriere im Jahre 1802, als er zusammen mit anderen bei einer Karnevalsfeier Karikaturen der Anwesenden verteilen ließ. Er wurde in die Kleinstadt Plock an der Weichsel strafversetzt. In dieser Zeit löste Hoffmann sein Verlöbnis mit Minna Doerffer und heirate die Polin Maria Thekla Michalina Rorer-Trzcinska, die bis zu seinem Tod seine Ehefrau blieb.

1804 wurde Hoffmann nach Warschau versetzt, wo er sich neben seiner Tätigkeit als Jurist nun auch öffentlich musikalisch betätigen konnte. Er organisierte Konzerte mit Musik von Gluck, Mozart und Beethoven und arbeitete zum ersten Mal selbst als Dirigent. In dieser Zeit ersetzte Hoffmann auch seinen dritten Vornamen Wilhelm aus Verehrung für Mozart durch Amadeus. Nach dem Einmarsch der Franzosen in Warschau im Jahr 1806 verlor er seine Stellung und schlug sich mühsam ein Jahr in Berlin als Musiklehrer durch.

Bis er sich Ende 1814 erneut und endgültig als Staatsbeamter in Berlin niederließ, vergingen Jahre voller politischer Unruhen, wechselnder Anstellungen, intensiver musikalischer und literarischer Arbeit, unglücklicher Liebe, Krankheit, Armut und Not.

Nach dem sogenannten Berliner Hungerjahr, in dem er und seine Familie aufgrund fehlender Einkünfte große Not litten, arbeitete Hoffmann ab 1808 zunächst für kurze Zeit als Kapellmeister und Theaterdirektor in Bamberg, später – nach einem zwischenzeitlichen Bankrott des Theaters und der Neueröffnung – als Direktionsgehilfe, Komponist und Bühnenbildner. In dieser Zeit verliebte er sich leidenschaftlich in seine erst fünfzehnjährige Gesangsschülerin Julia Marc, die ihn poetisch vielfältig und nachhaltig inspirierte. Die Bamberger Jahre waren für die Entwicklung Hoffmanns zum Dichter entscheidend. Er beschäftigte sich intensiv mit den damals diskutierten Themen der Medizin und der Psychologie: »Bamberg war zu dieser Zeit ein Zentrum der romantischen Medizin und Naturphilosophie. Schelling war hier vorübergehend tätig, ebenso Gotthilf Heinrich Schubert, dessen *Ansichten von den Nachtseiten der Naturwissenschaft* (1807) und *Symbolik des Traums* (1814) Hoffmann mit großer Zustimmung gelesen […] hat. Persönlichen Kontakt hatte Hoffmann zu den Ärzten Adalbert Friedrich Marcus und Friedrich Speyer, die ihm die Grundlagen psychophysischer Grenzphänomene vermittelten.« (Kremer 1998, S. 24). Dazu gehörte u. a. die Vorstellung vom tierischen Magnetismus (→ Medizin und Psychologie um 1800). In Hoffmanns Literatur spiegeln sich die Ergebnisse seiner Beschäftigung mit den medizinischen und naturphilosophischen Themen der Bamberger Zeit wider. So geht es z. B. in seinen Erzählungen *Die Automate*, *Der goldene Topf*, *Der Sandmann*, *Die Elixiere des Teufels* und *Der Magnetiseur* um die Kraft des Unbewussten, um Traum und Wirklichkeit, die Bedrohung durch den Wahnsinn, um gespaltene Identität und Doppelgängertum.

1809 erschien – neben antinapoleonischen Karikaturen und musiktheoretischen Texten – Hoffmanns Erzählung *Ritter Gluck*, mit der er zum ersten Mal Anerkennung als literarischer Autor erfuhr.

Der Bamberger Zeit folgten zwei unruhige Jahre in Leipzig und Dresden, wo er 1813 die militärischen Auseinandersetzungen zwischen Preußen und seinen Alliierten auf der einen und Napoleon auf der anderen Seite hautnah miterlebte. Trotz recht chaotischer Lebensumstände arbeitete er als Musikdirektor, komponierte Klaviertrios und seine einzige Oper *Undine*, die 1816 im Nationaltheater in Berlin uraufgeführt und von dem Komponisten Carl Maria von Weber positiv rezensiert wurde.

Von 1816 bis zu seinem Tod im Jahr 1822 lebte und arbeitete Hoffmann wieder in Berlin. Er wohnte in der Mitte der Stadt, am Gendarmenmarkt, und verkehrte mit Dichtern wie Friedrich de la Motte Fouqué, Clemens Brentano und Adalbert von Chamisso. Hoffmann arbeitete – wie als Student – am Tag als Jurist, abends und nachts künstlerisch. »Es ist bemerkenswert, dass er trotz der beruflichen Belastung und einer heftig angegriffenen Gesundheit [einen] […] beinahe bohemehaften Lebenswandel führte, mit wenig Schlaf und viel feuchtfröhlicher Geselligkeit […]. Noch erstaunlicher ist, dass er in diesen letzten Lebensjahren, von den *Fantasiestücken* und dem ersten Teil der *Elixiere des Teufels* abgesehen, sein gesamtes literarisches Œuvre verfasste und veröffentlichte.« (Kremer 1998, S. 32 f.) 1816 erschien Hoffmanns Erzählung *Der Sandmann* im ersten Band seiner Sammlung *Nachtstücke*. Diese Erzählung steht in der Tradition des Kunstmärchens der sogenannten »Schwarzen Romantik« und gilt als eine der bedeutendsten Erzählungen der deutschen Romantik. Auch zu seinen Lebzeiten erregte dieses Werk großes Aufsehen. Da Hoffmann seit Anfang des Jahres 1815 kein Tagebuch mehr führte, ist über die genaueren biografischen Hintergründe der Entstehung des *Sandmann* allerdings wenig bekannt. Das auf dem Manuskript vermerkte Datum (»16. Novbr. 1815 Nachts 1 Uhr«) und Briefe an den Verleger lassen erkennen, dass er die Erzählung zu einem Zeitpunkt schrieb, an dem er zugleich an mehreren Projekten arbeitete.

Hoffmann war in dieser Zeit ein gefragter Schriftsteller, dessen Texte in zahlreichen Zeitungen und Zeitschriften erschienen und beim zeitgenössischen Lesepublikum äußerst beliebt waren.

1817 folgte u. a. der zweite Band der *Nachtstücke*, spannende Erzählungen in Taschenbuch- und Almanach-Sammlungen sowie die Erzählsammlung *Die Serapionsbrüder* in mehreren Bänden.

Im Jahr 1819 wurde Hoffmann als Jurist in eine Kommission berufen, die sich in Zeiten der Restauration mit politisch für gefährlich gehaltenen oppositionellen »Umtrieben« befasste. Hoffmann ergriff in dieser Position jedoch Partei für die durch die Kommission Verfolgten, indem er dem Staat das Recht absprach, Bürger wegen ihrer politischen Gesinnung strafrechtlich zu belangen. Wegen der ironisch-satirischen Darstellung eines Polizeichefs in der Erzählung *Meister Floh* beschlagnahmte die preußische Regierung das bis dahin vorliegende Manuskript. Hoffmann drohten Vernehmung und Bestrafung, die Hippel aus alter Freundschaft und wegen Hoffmanns schlechtem Gesundheitszustand zunächst verhinderte. Im Zustand einer fortschreitenden Lähmung diktierte Hoffmann noch das Ende von *Meister Floh* und andere kleinere Erzählungen. Er starb am 25. Juni 1822 in Berlin im Alter von nur 46 Jahren, noch bevor die »Disziplinar-Untersuchung« in dieser Sache gegen ihn abgeschlossen war.

Bis heute stellt E. T. A. Hoffmann eine Quelle der Inspiration für andere Künstler dar: So wurde z. B. 1870 das Ballett *Coppélia* von Léo Delibes uraufgeführt, 1881 die Oper *Hoffmanns Erzählungen*, in der Jacques Offenbach Figuren aus dem erzählerischen Kosmos von E. T. A. Hoffmann auftreten lässt; Peter Härtling wählte 2001 Hoffmann als literarische

Figur eines Romans und Günter Kunert knüpfte 1984 mit der Erzählung *Olympia Zwo* an den *Sandmann* an.

Literatur

Kremer, Detlef: E.T.A. Hoffmann zur Einführung. Hamburg: Junius Verlag 1998.

Safranski, Rüdiger: E.T.A. Hoffmann. Das Leben eines skeptischen Phantasten. Frankfurt am Main: Fischer Taschenbuch Verlag 2000.

Schnapp, Friedrich (Hrsg.): E.T.A. Hoffmanns Briefwechsel. München: Winkler-Verlag 1967.

E. T. A. Hoffmann

Der Sandmann

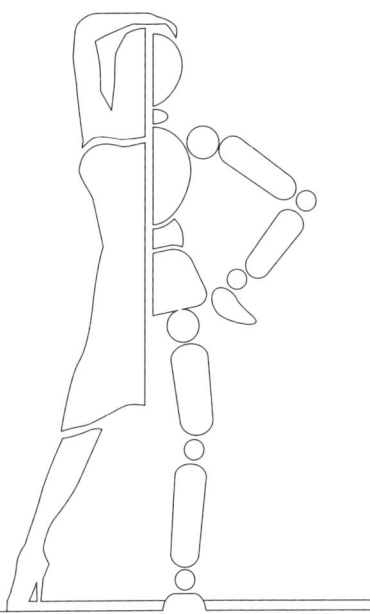

Nathanael an Lothar

Gewiss seid Ihr alle voll Unruhe, dass ich so lange – lange nicht geschrieben. Mutter zürnt wohl und Clara mag glauben, ich lebe hier in Saus und Braus und vergesse mein holdes Engelsbild, so tief mir in Herz und Sinn eingeprägt, ganz und gar. – Dem ist aber nicht so; täglich und stündlich gedenke ich Eurer aller und in süßen Träumen geht meines holden Clärchens freundliche Gestalt vorüber und lächelt mich mit ihren hellen Augen so anmutig an, wie sie wohl pflegte, wenn ich zu Euch hineintrat. – Ach, wie vermochte ich denn Euch zu schreiben, in der zerrissenen Stimmung des Geistes, die mir bisher alle Gedanken verstörte! – Etwas Entsetzliches ist in mein Leben getreten! – Dunkle Ahnungen eines grässlichen, mir drohenden Geschicks breiten sich wie schwarze Wolkenschatten über mich aus, undurchdringlich jedem freundlichen Sonnenstrahl. – Nun soll ich Dir sagen, was mir widerfuhr. Ich muss es, das sehe ich ein, aber nur es denkend, lacht es wie toll aus mir heraus. – Ach, mein herzlieber Lothar! Wie fange ich es denn an, Dich nur einigermaßen empfinden zu lassen, dass das, was mir vor einigen Tagen geschah, denn wirklich mein Leben so feindlich zerstören konnte! Wärst Du nur hier, so könntest Du selbst schauen; aber jetzt hältst Du mich gewiss für einen aberwitzigen Geisterseher. – Kurz und gut, das Entsetzliche, was mir geschah, dessen tödlichen Eindruck zu vermeiden ich mich vergebens bemühe, besteht in nichts anderm, als dass vor einigen Tagen, nämlich am 30. Oktober mittags um 12 Uhr, ein Wetterglashändler in meine Stube trat und mir seine Ware anbot. Ich kaufte nichts und drohte, ihn die Treppe herabzuwerfen, worauf er aber von selbst fortging.

Du ahnest, dass nur ganz eigne, tief in mein Leben eingreifende Beziehungen diesem Vorfall Bedeutung geben können, ja, dass wohl die Person jenes unglückseligen Krämers gar feindlich auf mich wirken muss. So ist es in der Tat. Mit

Wetterglas: ein einem Barometer ähnliches Gerät zur Wettervorhersage aller Kraft fasse ich mich zusammen, um ruhig und geduldig Dir aus meiner frühern Jugendzeit so viel zu erzählen, dass Deinem regen Sinn alles klar und deutlich in leuchtenden Bildern aufgehen wird. Indem ich anfangen will, höre ich Dich lachen und Clara sagen: »Das sind ja rechte Kindereien!« – Lacht, ich bitte Euch, lacht mich recht herzlich aus! – Ich bitt Euch sehr! – Aber Gott im Himmel! Die Haare sträuben sich mir und es ist, als flehe ich Euch an, mich auszulachen, in wahnsinniger Verzweiflung, wie Franz Moor den Daniel. – Nun fort zur Sache!

Außer dem Mittagsessen sahen wir, ich und mein Geschwister, tagsüber den Vater wenig. Er mochte mit seinem Dienst viel beschäftigt sein. Nach dem Abendessen, das alter Sitte gemäß schon um sieben Uhr aufgetragen wurde, gingen wir alle, die Mutter mit uns, in des Vaters Arbeitszimmer und setzten uns um einen runden Tisch. Der Vater rauchte Tabak und trank ein großes Glas Bier dazu. Oft erzählte er uns viele wunderbare Geschichten und geriet darüber so in Eifer, dass ihm die Pfeife immer ausging, die ich, ihm brennend Papier hinhaltend, wieder anzünden musste, welches mir denn ein Hauptspaß war. Oft gab er uns aber Bilderbücher in die Hände, saß stumm und starr in seinem Lehnstuhl und blies starke Dampfwolken von sich, dass wir alle wie im Nebel schwammen. An solchen Abenden war die Mutter sehr traurig, und kaum schlug die Uhr neun, so sprach sie: »Nun Kinder! – Zu Bette! Zu Bette! Der Sandmann kommt, ich merk es schon.« Wirklich hörte ich dann jedes Mal etwas schweren, langsamen Tritts die Treppe heraufpoltern; das musste der Sandmann sein. Einmal war mir jenes dumpfe Treten und Poltern besonders graulich; ich frug die Mutter, indem sie uns fortführte: »Ei Mama! Wer ist denn der böse Sandmann, der uns immer von Papa forttreibt? – Wie sieht er denn aus?« – »Es gibt keinen Sandmann, mein liebes Kind«, erwiderte die Mutter: »Wenn ich sage, der Sandmann kommt, so will das nur heißen, ihr seid schläfrig und könnt

Franz Moor: Anspielung auf eine Szene in Schillers Drama *Die Räuber*, in der Franz Moor seinen Diener bittet, ihn auszulachen, um zu zeigen, dass er die bösen Träume für abwitzig hält

das Geschwister: Brüder und Schwestern

die Augen nicht offen behalten, als hätte man euch Sand hineingestreut.« – Der Mutter Antwort befriedigte mich nicht, ja in meinem kindischen Gemüt entfaltete sich deutlich der Gedanke, dass die Mutter den Sandmann nur ver-
5 leugne, damit wir uns vor ihm nicht fürchten sollten, ich hörte ihn ja immer die Treppe heraufkommen. Voll Neugierde, Näheres von diesem Sandmann und seiner Beziehung auf uns Kinder zu erfahren, frug ich endlich die alte Frau, die meine jüngste Schwester wartete: was denn das
10 für ein Mann sei, der Sandmann? »Ei Thanaelchen«, erwiderte diese, »weißt du das noch nicht? Das ist ein böser Mann, der kommt zu den Kindern, wenn sie nicht zu Bett gehen wollen, und wirft ihnen Hände voll Sand in die Augen, dass sie blutig zum Kopf herausspringen, die wirft er
15 dann in den Sack und trägt sie in den Halbmond zur Atzung für seine Kinderchen; die sitzen dort im Nest und haben krumme Schnäbel, wie die Eulen, damit picken sie der unartigen Menschenkindlein Augen auf.« – Grässlich malte sich nun im Innern mir das Bild des grausamen Sand-
20 manns aus; sowie es abends die Treppe heraufpolterte, zitterte ich vor Angst und Entsetzen. Nichts als den unter Tränen hergestotterten Ruf. »Der Sandmann! Der Sandmann!« konnte die Mutter aus mir herausbringen. Ich lief darauf in das Schlafzimmer und wohl die ganze Nacht über
25 quälte mich die fürchterliche Erscheinung des Sandmanns. – Schon alt genug war ich geworden, um einzusehen, dass das mit dem Sandmann und seinem Kindernest im Halbmonde, so wie es mir die Wartefrau erzählt hatte, wohl nicht ganz seine Richtigkeit haben könne; indessen blieb
30 mir der Sandmann ein fürchterliches Gespenst und Grauen – Entsetzen ergriff mich, wenn ich ihn nicht allein die Treppe heraufkommen, sondern auch meines Vaters Stubentür heftig aufreißen und hineintreten hörte. Manchmal blieb er lange weg, dann kam er öfter hintereinander. Jahre-
35 lang dauerte das und nicht gewöhnen konnte ich mich an den unheimlichen Spuk, nicht bleicher wurde in mir das

warten:
hier versorgen

Atzung:
Fütterung
(Jägersprache)

Wartefrau:
Kinderfrau

Bild des grausigen Sandmanns. Sein Umgang mit dem Vater fing an, meine Fantasie immer mehr und mehr zu beschäftigen: Den Vater darum zu befragen hielt mich eine unüberwindliche Scheu zurück, aber selbst – selbst das Geheimnis zu erforschen, den fabelhaften Sandmann zu sehen, dazu keimte mit den Jahren immer mehr die Lust in mir empor. Der Sandmann hatte mich auf die Bahn des Wunderbaren, Abenteuerlichen gebracht, das so schon leicht im kindlichen Gemüt sich einnistet. Nichts war mir lieber, als schauerliche Geschichten von Kobolden, Hexen, Däumlingen usw. zu hören oder zu lesen; aber obenan stand immer der Sandmann, den ich in den seltsamsten, abscheulichsten Gestalten überall auf Tische, Schränke und Wände mit Kreide, Kohle hinzeichnete. Als ich zehn Jahre alt geworden, wies mich die Mutter aus der Kinderstube in ein Kämmerchen, das auf dem Korridor unfern von meines Vaters Zimmer lag. Noch immer mussten wir uns, wenn auf den Schlag neun Uhr sich jener Unbekannte im Hause hören ließ, schnell entfernen. In meinem Kämmerchen vernahm ich, wie er bei dem Vater hineintrat, und bald darauf war es mir dann, als verbreite sich im Hause ein feiner, seltsam riechender Dampf. Immer höher mit der Neugierde wuchs der Mut, auf irgendeine Weise des Sandmanns Bekanntschaft zu machen. Oft schlich ich schnell aus dem Kämmerchen auf den Korridor, wenn die Mutter vorübergegangen, aber nichts konnte ich erlauschen, denn immer war der Sandmann schon zur Türe hinein, wenn ich den Platz erreicht hatte, wo er mir sichtbar werden musste. Endlich von unwiderstehlichem Drange getrieben, beschloss ich, im Zimmer des Vaters selbst mich zu verbergen und den Sandmann zu erwarten.

An des Vaters Schweigen, an der Mutter Traurigkeit merkte ich eines Abends, dass der Sandmann kommen werde; ich schützte daher große Müdigkeit vor, verließ schon vor neun Uhr das Zimmer und verbarg mich dicht neben der Türe in einen Schlupfwinkel. Die Haustür knarrte, durch

den Flur ging es langsamen, schweren, dröhnenden Schrittes nach der Treppe. Die Mutter eilte mit dem Geschwister mir vorüber. Leise – leise öffnete ich des Vaters Stubentür. Er saß, wie gewöhnlich, stumm und starr den Rücken der
5 Türe zugekehrt, er bemerkte mich nicht, schnell war ich hinein und hinter der Gardine, die einem gleich neben der Türe stehenden offnen Schrank, worin meines Vaters Kleider hingen, vorgezogen war. – Näher – immer näher dröhnten die Tritte – es hustete und scharrte und brummte selt-
10 sam draußen. Das Herz bebte mir vor Angst und Erwartung. – Dicht, dicht vor der Türe ein scharfer Tritt – ein heftiger Schlag auf die Klinke, die Tür springt rasselnd auf! – Mit Gewalt mich ermannend gucke ich behutsam hervor. Der Sandmann steht mitten in der Stube vor mei-
15 nem Vater, der helle Schein der Lichter brennt ihm ins Gesicht! – Der Sandmann, der fürchterliche Sandmann ist der alte Advokat Coppelius, der manchmal bei uns zu Mittage isst!

Aber die grässlichste Gestalt hätte mir nicht tieferes Ent-
20 setzen erregen können als eben dieser Coppelius. – Denke Dir einen großen, breitschultrigen Mann mit einem unförmlich dicken Kopf, erdgelbem Gesicht, buschigten grauen Augenbrauen, unter denen ein Paar grünliche Katzenaugen stechend hervorfunkeln, großer, starker über die
25 Oberlippe gezogener Nase. Das schiefe Maul verzieht sich oft zum hämischen Lachen; dann werden auf den Backen ein paar dunkelrote Flecke sichtbar und ein seltsam zischender Ton fährt durch die zusammengekniffenen Zähne. Coppelius erschien immer in einem altmodisch zuge-
30 schnittenen aschgrauen Rocke, ebensolcher Weste und gleichen Beinkleidern, aber dazu schwarze Strümpfe und Schuhe mit kleinen Steinschnallen. Die kleine Perücke reichte kaum bis über den Kopfwirbel heraus, die Kleblocken standen hoch über den großen roten Ohren und ein
35 breiter verschlossener Haarbeutel starrte von dem Nacken

sich ermannen: allen Mut zusammennehmen

Advokat: Rechtsanwalt

Kleblocken: gerollte Haare, die seitlich an die Perücke geklebt wurden

Haarbeutel: Stoffbeutel, in den die gepuderten Haare gesteckt wurden

19

weg, sodass man die silberne Schnalle sah, die die gefältelte Halsbinde schloss. Die ganze Figur war überhaupt widrig und abscheulich; aber vor allem waren uns Kindern seine großen, knotigten, haarigten Fäuste zuwider, sodass wir, was er damit berührte, nicht mehr mochten. Das hatte er bemerkt und nun war es seine Freude, irgendein Stückchen Kuchen oder eine süße Frucht, die uns die gute Mutter heimlich auf den Teller gelegt, unter diesem oder jenem Vorwande zu berühren, dass wir, helle Tränen in den Augen, die Näscherei, der wir uns erfreuen sollten, nicht mehr genießen mochten vor Ekel und Abscheu. Ebenso machte er es, wenn uns an Feiertagen der Vater ein klein Gläschen süßen Weins eingeschenkt hatte. Dann fuhr er schnell mit der Faust herüber oder brachte wohl gar das Glas an die blauen Lippen und lachte recht teuflisch, wenn wir unsern Ärger nur leise schluchzend äußern durften. Er pflegte uns nur immer die kleinen Bestien zu nennen; wir durften, war er zugegen, keinen Laut von uns geben und verwünschten den hässlichen, feindlichen Mann, der uns recht mit Bedacht und Absicht auch die kleinste Freude verdarb. Die Mutter schien ebenso wie wir den widerwärtigen Coppelius zu hassen; denn sowie er sich zeigte, war ihr Frohsinn, ihr heiteres, unbefangenes Wesen umgewandelt in traurigen, düstern Ernst. Der Vater betrug sich gegen ihn, als sei er ein höheres Wesen, dessen Unarten man dulden und das man auf jede Weise bei guter Laune erhalten müsse. Er durfte nur leise andeuten und Lieblingsgerichte wurden gekocht und seltene Weine kredenzt.

Als ich nun diesen Coppelius sah, ging es grausig und entsetzlich in meiner Seele auf, dass ja niemand anders als er der Sandmann sein könne, aber der Sandmann war mir nicht mehr jener Popanz aus dem Ammenmärchen, der dem Eulennest im Halbmonde Kinderaugen zur Atzung holt – nein! – ein hässlicher, gespenstischer Unhold, der überall, wo er einschreitet, Jammer – Not – zeitliches, ewiges Verderben bringt.

kredenzen: anbieten

Popanz: Schreckgestalt

20

Ich war festgezaubert. Auf die Gefahr, entdeckt und, wie ich deutlich dachte, hart gestraft zu werden, blieb ich stehen, den Kopf lauschend durch die Gardine hervorgestreckt. Mein Vater empfing den Coppelius feierlich.

5 »Auf! – Zum Werk«, rief dieser mit heiserer, schnurrender Stimme und warf den Rock ab. Der Vater zog still und finster seinen Schlafrock aus und beide kleideten sich in lange, schwarze Kittel. Wo sie die hernahmen, hatte ich übersehen. Der Vater öffnete die Flügeltür eines Wandschranks;

10 aber ich sah, dass das, was ich so lange dafür gehalten, kein Wandschrank, sondern vielmehr eine schwarze Höhlung war, in der ein kleiner Herd stand. Coppelius trat hinzu und eine blaue Flamme knisterte auf dem Herde empor. Allerlei seltsames Geräte stand umher. Ach Gott! – Wie

15 sich nun mein alter Vater zum Feuer herabbückte, da sah er ganz anders aus. Ein grässlicher, krampfhafter Schmerz schien seine sanften, ehrlichen Züge zum hässlichen, widerwärtigen Teufelsbilde verzogen zu haben. Er sah dem Coppelius ähnlich. Dieser schwang die glutrote Zange und

20 holte damit hellblinkende Massen aus dem dicken Qualm, die er dann emsig hämmerte. Mir war es, als würden Menschengesichter ringsumher sichtbar, aber ohne Augen – scheußliche, tiefe schwarze Höhlen statt ihrer. »Augen her, Augen her!«, rief Coppelius mit dumpfer, dröhnender Stim-

25 me. Ich kreischte auf, von wildem Entsetzen gewaltig erfasst, und stürzte aus meinem Versteck heraus auf den Boden. Da ergriff mich Coppelius, »Kleine Bestie! – Kleine Bestie!«, meckerte er zähnfletschend! – riss mich auf und warf mich auf den Herd, dass die Flamme mein Haar zu

30 sengen begann: »Nun haben wir Augen – Augen – ein schön Paar Kinderaugen.« So flüsterte Coppelius und griff mit den Fäusten glutrote Körner aus der Flamme, die er mir in die Augen streuen wollte. Da hob mein Vater flehend die Hände empor und rief. »Meister! Meister! Lass

35 meinem Nathanael die Augen – lass sie ihm!« Coppelius lachte gellend auf und rief. »Mag denn der Junge die Augen

behalten und sein Pensum flennen in der Welt; aber nun wollen wir doch den Mechanismus der Hände und der Füße recht observieren.« Und damit fasste er mich gewaltig, dass die Gelenke knackten, und schrob mir die Hände ab und die Füße und setzte sie bald hier, bald dort wieder ein. 5 »'s steht doch überall nicht recht! 's gut so, wie es war! – Der Alte hat's verstanden!« So zischte und lispelte Coppelius; aber alles um mich her wurde schwarz und finster, ein jäher Krampf durchzuckte Nerv und Gebein – ich fühlte nichts mehr. Ein sanfter, warmer Hauch glitt über mein 10 Gesicht, ich erwachte wie aus dem Todesschlaf, die Mutter hatte sich über mich hingebeugt. »Ist der Sandmann noch da?«, stammelte ich. »Nein, mein liebes Kind, der ist lange, lange fort, der tut dir keinen Schaden!« – So sprach die Mutter und küsste und herzte den wiedergewonnenen 15 Liebling.

Was soll ich Dich ermüden, mein herzlieber Lothar! Was soll ich so weitläufig Einzelnes hererzählen, da noch so vieles zu sagen übrig bleibt? Genug! – Ich war bei der Lauscherei entdeckt und von Coppelius gemisshandelt wor- 20 den. Angst und Schrecken hatten mir ein hitziges Fieber zugezogen, an dem ich mehrere Wochen krank lag. »Ist der Sandmann noch da?« – Das war mein erstes gesundes Wort und das Zeichen meiner Genesung, meiner Rettung. – Nur noch den schrecklichsten Moment meiner Ju- 25 gendjahre darf ich Dir erzählen; dann wirst Du überzeugt sein, dass es nicht meiner Augen Blödigkeit ist, wenn mir nun alles farblos erscheint, sondern, dass ein dunkles Verhängnis wirklich einen trüben Wolkenschleier über mein Leben gehängt hat, den ich vielleicht nur sterbend zer- 30 reiße.

Coppelius ließ sich nicht mehr sehen, es hieß, er habe die Stadt verlassen.

Ein Jahr mochte vergangen sein, als wir der alten, unveränderten Sitte gemäß abends an dem runden Tische saßen. 35 Der Vater war sehr heiter und erzählte viel Ergötzliches

von den Reisen, die er in seiner Jugend gemacht. Da hörten wir, als es neune schlug, plötzlich die Haustür in den Angeln knarren und langsame, eisenschwere Schritte dröhnten durch den Hausflur die Treppe herauf. »Das ist Coppelius«, sagte meine Mutter erblassend. »Ja! – Es ist Coppelius«, wiederholte der Vater mit matter, gebrochener Stimme. Die Tränen stürzten der Mutter aus den Augen. »Aber Vater, Vater!«, rief sie. »Muss es denn so sein?« – »Zum letzten Male!«, erwiderte dieser. »Zum letzten Male kommt er zu mir, ich verspreche es dir. Geh nur, geh mit den Kindern! – Geht – geht zu Bette! Gute Nacht!«
Mir war es, als sei ich in schweren, kalten Stein eingepresst – mein Atem stockte! – Die Mutter ergriff mich beim Arm, als ich unbeweglich stehen blieb: »Komm Nathanael, komme nur!« Ich ließ mich fortführen, ich trat in meine Kammer. »Sei ruhig, sei ruhig, lege dich ins Bette! – Schlafe – schlafe«, rief mir die Mutter nach; aber von unbeschreiblicher innerer Angst und Unruhe gequält, konnte ich kein Auge zutun. Der verhasste, abscheuliche Coppelius stand vor mir mit funkelnden Augen und lachte mich hämisch an, vergebens trachtete ich sein Bild loszuwerden. Es mochte wohl schon Mitternacht sein, als ein entsetzlicher Schlag geschah, wie wenn ein Geschütz losgefeuert würde. Das ganze Haus erdröhnte, es rasselte und rauschte bei meiner Türe vorüber, die Haustüre wurde klirrend zugeworfen. »Das ist Coppelius!«, rief ich entsetzt und sprang aus dem Bette. Da kreischte es auf in schneidendem trostlosen Jammer, fort stürzte ich nach des Vaters Zimmer, die Türe stand offen, erstickender Dampf quoll mir entgegen, das Dienstmädchen schrie: »Ach, der Herr! – der Herr!« – Vor dem dampfenden Herde auf dem Boden lag mein Vater tot mit schwarz verbranntem, grässlich verzerrtem Gesicht, um ihn herum heulten und winselten die Schwestern – die Mutter ohnmächtig daneben! »Coppelius, verruchter Satan, du hast den Vater erschlagen!« – So schrie ich auf, mir vergingen die Sinne. Als man zwei Tage darauf

meinen Vater in den Sarg legte, waren seine Gesichtszüge wieder mild und sanft geworden, wie sie im Leben waren. Tröstend ging es in meiner Seele auf, dass sein Bund mit dem teuflischen Coppelius ihn nicht ins ewige Verderben gestürzt haben könne.

Die Explosion hatte die Nachbarn geweckt, der Vorfall wurde ruchbar und kam vor die Obrigkeit, welche den Coppelius zur Verantwortung vorfordern wollte. Der war aber spurlos vom Orte verschwunden.

Wenn ich Dir nun sage, mein herzlieber Freund!, dass jener Wetterglashändler eben der verruchte Coppelius war, so wirst Du mir es nicht verargen, dass ich die feindliche Erscheinung als schweres Unheil bringend deute. Er war anders gekleidet, aber Coppelius' Figur und Gesichtszüge sind zu tief in mein Innerstes eingeprägt, als dass hier ein Irrtum möglich sein sollte. Zudem hat Coppelius nicht einmal seinen Namen geändert. Er gibt sich hier, wie ich höre, für einen piemontesischen Mechanikus aus und nennt sich Giuseppe Coppola.

Ich bin entschlossen es mit ihm aufzunehmen und des Vaters Tod zu rächen, mag es denn nun gehen, wie es will.

Der Mutter erzähle nichts von dem Erscheinen des grässlichen Unholds – Grüße meine liebe holde Clara, ich schreibe ihr in ruhigerer Gemütsstimmung. Lebe wohl etc. etc.

24

Clara an Nathanael

Wahr ist es, dass Du recht lange mir nicht geschrieben hast, aber dennoch glaube ich, dass Du mich in Sinn und Gedanken trägst. Denn meiner gedachtest Du wohl recht lebhaft, als Du Deinen letzten Brief an
5 Bruder Lothar absenden wolltest und die Aufschrift statt an ihn an mich richtetest. Freudig erbrach ich den Brief und wurde den Irrtum erst bei den Worten inne: »Ach, mein herzlieber Lothar!« – Nun hätte ich nicht weiterlesen, sondern den Brief dem Bruder geben sollen. Aber, hast
10 Du mir auch sonst manchmal in kindischer Neckerei vorgeworfen, ich hätte solch ruhiges, weiblich besonnenes Gemüt, dass ich wie jene Frau, drohe das Haus den Einsturz, noch vor schneller Flucht ganz geschwinde einen falschen Kniff in der Fenstergardine glattstreichen würde, so darf
15 ich doch wohl kaum versichern, dass Deines Briefes Anfang mich tief erschütterte. Ich konnte kaum atmen, es flimmerte mir vor den Augen. – Ach, mein herzgeliebter Nathanael! Was konnte so Entsetzliches in Dein Leben getreten sein! Trennung von Dir, Dich niemals wiedersehen,
20 der Gedanke durchfuhr meine Brust wie ein glühender Dolchstich. – Ich las und las! – Deine Schilderung des widerwärtigen Coppelius ist grässlich. Erst jetzt vernahm ich, wie Dein guter alter Vater solch entsetzlichen, gewaltsamen Todes starb. Bruder Lothar, dem ich sein Eigentum
25 zustellte, suchte mich zu beruhigen, aber es gelang ihm schlecht. Der fatale Wetterglashändler Giuseppe Coppola verfolgte mich auf Schritt und Tritt und beinahe schäme ich mich es zu gestehen, dass er selbst meinen gesunden, sonst so ruhigen Schlaf in allerlei wunderlichen Traum-
30 gebilden zerstören konnte. Doch bald, schon den andern Tag, hatte sich alles anders in mir gestaltet. Sei mir nur nicht böse, mein Inniggeliebter, wenn Lothar Dir etwa sagen möchte, dass ich trotz Deiner seltsamen Ahnung,

Coppelius werde Dir etwas Böses antun, ganz heitern, unbefangenen Sinnes bin, wie immer.

Geradeheraus will ich es Dir nur gestehen, dass, wie ich meine, alles Entsetzliche und Schreckliche, wovon Du sprichst, nur in Deinem Innern vorging, die wahre, wirkliche Außenwelt aber daran wohl wenig teilhatte. Widerwärtig genug mag der alte Coppelius gewesen sein, aber dass er Kinder hasste, das brachte in Euch Kindern wahren Abscheu gegen ihn hervor.

Natürlich verknüpfte sich nun in Deinem kindischen Gemüt der schreckliche Sandmann aus dem Ammenmärchen mit dem alten Coppelius, der Dir, glaubtest Du auch nicht an den Sandmann, ein gespenstischer, Kindern vorzüglich gefährlicher Unhold blieb. Das unheimliche Treiben mit Deinem Vater zur Nachtzeit war wohl nichts anders, als dass beide insgeheim alchimistische Versuche machten, womit die Mutter nicht zufrieden sein konnte, da gewiss viel Geld unnütz verschleudert und obendrein, wie es immer mit solchen Laboranten der Fall sein soll, des Vaters Gemüt ganz von dem trügerischen Drange nach hoher Weisheit erfüllt, der Familie abwendig gemacht wurde. Der Vater hat wohl gewiss durch eigne Unvorsichtigkeit seinen Tod herbeigeführt und Coppelius ist nicht schuld daran: Glaubst Du, dass ich den erfahrnen Nachbar Apotheker gestern frug, ob wohl bei chemischen Versuchen eine solche augenblicklich tötende Explosion möglich sei? Der sagte: »Ei allerdings«, und beschrieb mir nach seiner Art gar weitläufig und umständlich, wie das zugehen könne, und nannte dabei so viel sonderbar klingende Namen, die ich gar nicht zu behalten vermochte. – Nun wirst Du wohl unwillig werden über Deine Clara, Du wirst sagen: »In dies kalte Gemüt dringt kein Strahl des Geheimnisvollen, das den Menschen oft mit unsichtbaren Armen umfasst; sie erschaut nur die bunte Oberfläche der Welt und freut sich wie das kindische Kind über die goldgleißende Frucht, in deren Innern tödliches Gift verborgen.«

alchimistische Versuche: vorwissenschaftliche, mystisch geprägte »chemische« Versuche, z. B. aus weniger wertvollen Metallen Gold herzustellen

Ach, mein herzgeliebter Nathanael! Glaubst Du denn nicht, dass auch in heitern – unbefangenen – sorglosen Gemütern die Ahnung wohnen könne von einer dunklen Macht, die feindlich uns in unserm eignen Selbst zu verderben strebt? – Aber verzeih es mir, wenn ich einfältig Mädchen mich unterfange, auf irgendeine Weise Dir anzudeuten, was ich eigentlich von solchem Kampfe im Innern glaube. – Ich finde wohl gar am Ende nicht die rechten Worte und Du lachst mich aus, nicht, weil ich was Dummes meine, sondern weil ich mich so ungeschickt anstelle, es zu sagen.

Gibt es eine dunkle Macht, die so recht feindlich und verräterisch einen Faden in unser Inneres legt, woran sie uns dann festpackt und fortzieht auf einem gefahrvollen, verderblichen Wege, den wir sonst nicht betreten haben würden – gibt es eine solche Macht, so muss sie in uns sich wie wir selbst gestalten, ja unser Selbst werden; denn nur so glauben wir an sie und räumen ihr den Platz ein, dessen sie bedarf, um jenes geheime Werk zu vollbringen. Haben wir festen, durch das heitre Leben gestärkten Sinn genug, um fremdes, feindliches Einwirken als solches stets zu erkennen und den Weg, in den uns Neigung und Beruf geschoben, ruhigen Schrittes zu verfolgen, so geht wohl jene unheimliche Macht unter in dem vergeblichen Ringen nach der Gestaltung, die unser eignes Spiegelbild sein sollte. Es ist auch gewiss, fügt Lothar hinzu, dass die dunkle psychische Macht, haben wir uns durch uns selbst ihr hingegeben, oft fremde Gestalten, die die Außenwelt uns in den Weg wirft, in unser Inneres hineinzieht, so, dass wir selbst nur den Geist entzünden, der, wie wir in wunderlicher Täuschung glauben, aus jener Gestalt spricht. Es ist das Phantom unseres eigenen Ichs, dessen innige Verwandtschaft und dessen tiefe Einwirkung auf unser Gemüt uns in die Hölle wirft oder in den Himmel verzückt. – Du merkst, mein herzlieber Nathanael!, dass wir, ich und Bruder Lothar, uns recht über die Materie von dunklen Mächten und

Phantom: Trugbild

Gewalten ausgesprochen haben, die mir nun, nachdem ich nicht ohne Mühe das Hauptsächlichste aufgeschrieben, ordentlich tiefsinnig vorkommt. Lothars letzte Worte verstehe ich nicht ganz, ich ahne nur, was er meint, und doch ist es mir, als sei alles sehr wahr. Ich bitte Dich, schlage Dir den hässlichen Advokaten Coppelius und den Wetterglasmann Giuseppe Coppola ganz aus dem Sinn. Sei überzeugt, dass diese fremden Gestalten nichts über Dich vermögen; nur der Glaube an ihre feindliche Gewalt kann sie Dir in der Tat feindlich machen. Spräche nicht aus jeder Zeile Deines Briefes die tiefste Aufregung Deines Gemüts, schmerzte mich nicht Dein Zustand recht in innerster Seele, wahrhaftig, ich könnte über den Advokaten Sandmann und den Wetterglashändler Coppelius scherzen. Sei heiter – heiter! – Ich habe mir vorgenommen, bei Dir zu erscheinen, wie Dein Schutzgeist, und den hässlichen Coppola, sollte er es sich etwa beikommen lassen, Dir im Traum beschwerlich zu fallen, mit lautem Lachen fortzubannen. Ganz und gar nicht fürchte ich mich vor ihm und vor seinen garstigen Fäusten, er soll mir weder als Advokat eine Näscherei noch als Sandmann die Augen verderben.

Ewig, mein herzinnigstgeliebter Nathanael, etc. etc. etc.

Nathanael an Lothar

Sehr unlieb ist es mir, dass Clara neu-
lich den Brief an Dich aus, freilich durch meine Zerstreut-
heit veranlagtem, Irrtum erbrach und las. Sie hat mir einen
sehr tiefsinnigen, philosophischen Brief geschrieben, worin sie ausführlich beweiset, dass Coppelius und Coppola
nur in meinem Innern existieren und Phantome meines
Ichs sind, die augenblicklich zerstäuben, wenn ich sie als
solche erkenne. In der Tat, man sollte gar nicht glauben,
dass der Geist, der aus solch hellen, hold lächelnden Kin-
desaugen oft wie ein lieblicher, süßer Traum hervorleuch-
tet, so gar verständig, so magistermäßig distinguieren könne. Sie beruft sich auf Dich. Ihr habt über mich gesprochen.
Du liesest ihr wohl logische Collegia, damit sie alles fein
sichten und sondern lerne. – Lass das bleiben! – Übrigens
ist es wohl gewiss, dass der Wetterglashändler Giuseppe
Coppola keinesweges der alte Advokat Coppelius ist. Ich
höre bei dem erst neuerdings angekommenen Professor
der Physik, der, wie jener berühmte Naturforscher, Spalanzani heißt und italienischer Abkunft ist, Collegia. Der
kennt den Coppola schon seit vielen Jahren und überdem
hört man es auch seiner Aussprache an, dass er wirklich
Piemonteser ist. Coppelius war ein Deutscher, aber wie
mich dünkt, kein ehrlicher. Ganz beruhigt bin ich nicht.
Haltet Ihr, Du und Clara, mich immerhin für einen düstern
Träumer, aber nicht los kann ich den Eindruck werden,
den Coppelius' verfluchtes Gesicht auf mich macht. Ich bin
froh, dass er fort ist aus der Stadt, wie mir Spalanzani sagt.
Dieser Professor ist ein wunderlicher Kauz. Ein kleiner,
rundlicher Mann, das Gesicht mit starken Backenknochen,
feiner Nase, aufgeworfenen Lippen, kleinen stechenden
Augen. Doch besser als in jeder Beschreibung siehst Du
ihn, wenn Du den Cagliostro, wie er von Chodowiecki in
irgendeinem berlinischen Taschenkalender steht, anschau-
est. So sieht Spalanzani aus. – Neulich steige ich die Treppe

---

magistermäßig:
wie ein Gelehrter

distinguieren:
unterscheiden

Collegia:
Vorlesungen

Spalanzani:
Lazzaro
Spallanzani;
italienischer
Naturforscher
(1729–1799)

Cagliostro:
Alessandro
Cagliostro;
Abenteurer und
Alchimist
(1743–1795)

Chodowiecki:
Danie
Chodowiecki;
Maler, Zeichner,
Kupferstecher
(1726–1801)

29

herauf und nehme wahr, dass die sonst einer Glastüre dicht vorgezogene Gardine zur Seite einen kleinen Spalt lässt. Selbst weiß ich nicht, wie ich dazu kam, neugierig durchzublicken. Ein hohes, sehr schlank im reinsten Ebenmaß gewachsenes, herrlich gekleidetes Frauenzimmer saß ⁵ im Zimmer vor einem kleinen Tisch, auf den sie beide Arme, die Hände zusammengefaltet, gelegt hatte. Sie saß der Türe gegenüber, so, dass ich ihr engelschönes Gesicht ganz erblickte. Sie schien mich nicht zu bemerken und überhaupt hatten ihre Augen etwas Starres, beinahe möcht ich ¹⁰ sagen, keine Sehkraft, es war mir so, als schliefe sie mit offnen Augen. Mir wurde ganz unheimlich und deshalb schlich ich leise fort ins Auditorium, das daneben gelegen. Nachher erfuhr ich, dass die Gestalt, die ich gesehen, Spalanzanis Tochter Olimpia war, die er sonderbarer- und ¹⁵ schlechterweise einsperrt, so, dass durchaus kein Mensch in ihre Nähe kommen darf. – Am Ende hat es eine Bewandtnis mit ihr, sie ist vielleicht blödsinnig oder sonst. – Weshalb schreibe ich Dir aber das alles? Besser und ausführlicher hätte ich Dir das mündlich erzählen können. ²⁰ Wisse nämlich, dass ich über vierzehn Tage bei Euch bin. Ich muss mein süßes, liebes Engelsbild, meine Clara, wiedersehen. Weggehaucht wird dann die Verstimmung sein, die sich (ich muss das gestehen) nach dem fatalen verständigen Briefe meiner bemeistern wollte. Deshalb schreibe ²⁵ ich auch heute nicht an sie.

Tausend Grüße etc. etc. etc.

Auditorium: Hörsaal

30

Seltsamer und wunderlicher kann nichts erfunden werden, als dasjenige ist, was sich mit meinem armen Freunde, dem jungen Studenten Nathanael, zugetragen, und was ich dir, günstiger Leser!, zu erzählen unternommen. Hast du, Geneigtester!, wohl jemals etwas erlebt, das deine Brust, Sinn und Gedanken ganz und gar erfüllte, alles andere daraus verdrängend? Es gärte und kochte in dir, zur siedenden Glut entzündet sprang das Blut durch die Adern und färbte höher deine Wangen. Dein Blick war so seltsam, als wolle er Gestalten, keinem andern Auge sichtbar, im leeren Raum erfassen und die Rede zerfloss in dunkle Seufzer. Da frugen dich die Freunde: »Wie ist Ihnen, Verehrter? – Was haben Sie, Teurer?« Und nun wolltest du das innere Gebilde mit allen glühenden Farben und Schatten und Lichtern aussprechen und mühtest dich ab, Worte zu finden, um nur anzufangen. Aber es war dir, als müsstest du nun gleich im ersten Wort alles Wunderbare, Herrliche, Entsetzliche, Lustige, Grauenhafte, das sich zugetragen, recht zusammengreifen, sodass es, wie ein elektrischer Schlag, alle treffe. Doch jedes Wort, alles, was Rede vermag, schien dir farblos und frostig und tot. Du suchst und suchst und stotterst und stammelst und die nüchternen Fragen der Freunde schlagen, wie eisige Windeshauche, hinein in deine innere Glut, bis sie verlöschen will. Hattest du aber, wie ein kecker Maler, erst mit einigen verwegenen Strichen den Umriss deines innern Bildes hingeworfen, so trugst du mit leichter Mühe immer glühender und glühender die Farben auf und das lebendige Gewühl mannigfacher Gestalten riss die Freunde fort und sie sahen, wie du, sich selbst mitten im Bilde, das aus deinem Gemüt hervorgegangen! – Mich hat, wie ich es dir, geneigter Leser!, gestehen muss, eigentlich niemand nach der Geschichte des jungen Nathanael gefragt; du weißt ja aber wohl, dass ich zu dem wunderlichen Geschlechte der Autoren gehöre, denen, tragen sie etwas so in sich, wie ich es vorhin beschrieben, so zumute wird, als frage jeder, der in ihre Nähe kommt, und nebenher auch wohl noch die ganze Welt: »Was ist es denn? Erzählen Sie, Liebster!« – So trieb es mich denn gar gewaltig, von Nathanaels verhängnisvollem Leben zu dir zu sprechen. Das Wunderbare, Seltsame davon erfüllte meine ganze Seele, aber eben deshalb und ⁵ weil ich dich, o mein Leser!, gleich geneigt machen musste, Wunderliches zu ertragen, welches nichts Geringes ist, quälte ich mich ab, Nathanaels Geschichte, bedeutend – originell, ergreifend anzufangen: »Es war einmal« – der schönste Anfang jeder Erzählung, zu nüchtern! – »In der ¹⁰ kleinen Provinzialstadt S. lebte« – etwas besser, wenigstens ausholend zum Klimax. – Oder gleich medias in res: »›Scher er sich zum Teufel‹, rief, Wut und Entsetzen im wilden Blick, der Student Nathanael, als der Wetterglashändler Giuseppe Coppola« – Das hatte ich in der Tat ¹⁵ schon aufgeschrieben, als ich in dem wilden Blick des Studenten Nathanael etwas Possierliches zu verspüren glaubte; die Geschichte ist aber gar nicht spaßhaft. Mir kam keine Rede in den Sinn, die nur im Mindesten etwas von dem Farbenglanz des innern Bildes abzuspiegeln schien. Ich ²⁰ beschloss, gar nicht anzufangen. Nimm, geneigter Leser!, die drei Briefe, welche Freund Lothar mir gütigst mitteilte, für den Umriss des Gebildes, in das ich nun erzählend immer mehr und mehr Farbe hineinzutragen mich bemühen werde. Vielleicht gelingt es mir, manche Gestalt, wie ein ²⁵ guter Porträtmaler, so aufzufassen, dass du es ähnlich findest, ohne das Original zu kennen, ja dass es dir ist, als hättest du die Person recht oft schon mit leibhaftigen Augen gesehen. Vielleicht wirst du, o mein Leser!, dann glauben, dass nichts wunderlicher und toller sei als das wirkliche ³⁰ Leben und dass dieses der Dichter doch nur, wie in eines matt geschliffnen Spiegels dunklem Widerschein, auffassen könne.

Damit klarer werde, was gleich anfangs zu wissen nötig, ist jenen Briefen noch hinzuzufügen, dass bald darauf, als ³⁵ Nathanaels Vater gestorben, Clara und Lothar, Kinder

Klimax: Höhepunkt

medias in res: *lat.* mitten hinein in die Dinge

Possierliches: Spaßiges, Drolliges

eines weitläuftigen Verwandten, der ebenfalls gestorben und sie verwaist nachgelassen, von Nathanaels Mutter ins Haus genommen wurden. Clara und Nathanael fassten eine heftige Zuneigung zueinander, wogegen kein Mensch

5 auf Erden etwas einzuwenden hatte; sie waren daher Verlobte, als Nathanael den Ort verließ, um seine Studien in G. fortzusetzen. Da ist er nun in seinem letzten Brief und hört Collegia bei dem berühmten Professor Physices, Spalanzani.

10 Nun könnte ich getrost in der Erzählung fortfahren; aber in dem Augenblick steht Claras Bild so lebendig mir vor Augen, dass ich nicht wegschauen kann, so wie es immer geschah, wenn sie mich hold lächelnd anblickte. – Für schön konnte Clara keinesweges gelten; das meinten alle, die sich

15 von Amts wegen auf Schönheit verstehen. Doch lobten die Architekten die reinen Verhältnisse ihres Wuchses, die Maler fanden Nacken, Schultern und Brust beinahe zu keusch geformt, verliebten sich dagegen sämtlich in das wunderbare Magdalenenhaar und faselten überhaupt viel von bat-

20 tonischem Kolorit. Einer von ihnen, ein wirklicher Fantast, verglich aber höchst seltsamerweise Claras Augen mit einem See von Ruisdael, in dem sich des wolkenlosen Himmels reines Azur, Wald- und Blumenflur, der reichen Landschaft ganzes buntes, heitres Leben spiegelt. Dichter und

25 Meister gingen aber weiter und sprachen: »Was See – was Spiegel! – Können wir denn das Mädchen anschauen, ohne dass uns aus ihrem Blick wunderbare himmlische Gesänge und Klänge entgegenstrahlen, die in unser Innerstes dringen, dass da alles wach und rege wird? Singen wir selbst

30 dann nichts wahrhaft Gescheutes, so ist überhaupt nicht viel an uns, und das lesen wir denn auch deutlich in dem um Claras Lippen schwebenden feinen Lächeln, wenn wir uns unterfangen, ihr etwas vorzuquinkelieren, das so tun will, als sei es Gesang, unerachtet nur einzelne Töne ver-

35 worren durcheinanderspringen.« Es war dem so. Clara hatte die lebenskräftige Fantasie des heitern, unbefangenen,

Magdalenenhaar: dichtes blondes Haar, das dem der Maria Magdalena in dem Bild des italienischen Malers Pompeo Batoni (1708–1787) gleicht

battonisches Kolorit: Farbgebung bzw. Anmutung der Gemälde des Malers Batoni

Ruisdael: Jacob Isaackszoon van Ruisdael; niederländischer Maler (1628–1682)

quinkelieren: trällern, zwitschern

33

kindischen Kindes, ein tiefes, weiblich zartes Gemüt, einen

gar hellen, scharfsichtenden Verstand. Die Nebler und Schwebler hatten bei ihr böses Spiel; denn ohne zu viel zu reden, was überhaupt in Claras schweigsamer Natur nicht lag, sagte ihnen der helle Blick und jenes feine ironische ₅ Lächeln: Liebe Freunde!, wie möget ihr mir denn zumuten, dass ich eure verfließende Schattengebilde für wahre Gestalten ansehen soll, mit Leben und Regung? – Clara wur-

de deshalb von vielen kalt, gefühllos, prosaisch gescholten; aber andere, die das Leben in klarer Tiefe aufgefasst, lieb- ₁₀ ten ungemein das gemütvolle, verständige, kindliche Mädchen, doch keiner so sehr als Nathanael, der sich in Wissenschaft und Kunst kräftig und heiter bewegte. Clara hing an dem Geliebten mit ganzer Seele; die ersten Wolkenschatten zogen durch ihr Leben, als er sich von ihr trennte. ₁₅ Mit welchem Entzücken flog sie in seine Arme, als er nun, wie er im letzten Briefe an Lothar es verheißen, wirklich in seiner Vaterstadt ins Zimmer der Mutter eintrat. Es geschah so, wie Nathanael geglaubt; denn in dem Augenblick, als er Clara wiedersah, dachte er weder an den Advokaten ₂₀ Coppelius noch an Claras verständigen Brief, jede Verstimmung war verschwunden.

Recht hatte aber Nathanael doch, als er seinem Freunde Lothar schrieb, dass des widerwärtigen Wetterglashändlers Coppola Gestalt recht feindlich in sein Leben getreten ₂₅ sei. Alle fühlten das, da Nathanael gleich in den ersten Tagen in seinem ganzen Wesen durchaus verändert sich zeigte. Er versank in düstre Träumereien und trieb es bald so seltsam, wie man es niemals von ihm gewohnt gewesen. Alles, das ganze Leben war ihm Traum und Ahnung gewor- ₃₀

den; immer sprach er davon, wie jeder Mensch, sich frei wähnend, nur dunklen Mächten zum grausamen Spiel diene, vergeblich lehne man sich dagegen auf, demütig müsse man sich dem fügen, was das Schicksal verhängt habe. Er ging so weit, zu behaupten, dass es töricht sei, wenn man ₃₅ glaube, in Kunst und Wissenschaft nach selbsttätiger Willkür zu schaffen; denn die Begeisterung, in der man nur zu schaffen fähig sei, komme nicht aus dem eignen Innern, sondern sei das Einwirken irgendeines außer uns selbst liegenden höheren Prinzips.

5 Der verständigen Clara war diese mystische Schwärmerei im höchsten Grade zuwider, doch schien es vergebens, sich auf Widerlegung einzulassen. Nur dann, wenn Nathanael bewies, dass Coppelius das böse Prinzip sei, was ihn in dem Augenblick erfasst habe, als er hinter dem Vorhange

10 lauschte, und dass dieser widerwärtige *Dämon* auf entsetzliche Weise ihr Liebesglück stören werde, da wurde Clara sehr ernst und sprach: »Ja, Nathanael! Du hast recht, Coppelius ist ein böses, feindliches Prinzip, er kann Entsetzliches wirken, wie eine teuflische Macht, die sichtbarlich in

15 das Leben trat, aber nur dann, wenn du ihn nicht aus Sinn und Gedanken verbannst. Solange du an ihn glaubst, *ist* er auch und wirkt, nur dein Glaube ist seine Macht.« – Nathanael, ganz erzürnt, dass Clara die Existenz des *Dämons* nur in seinem eignen Innern statuiere, wollte dann hervorrü-

20 cken mit der ganzen mystischen Lehre von Teufeln und grausen Mächten, Clara brach aber verdrüsslich ab, indem sie irgendetwas Gleichgültiges dazwischenschob, zu Nathanaels nicht geringem Ärger. *Der* dachte, kalten unempfänglichen Gemütern verschließen sich solche tiefe

25 Geheimnisse, ohne sich deutlich bewusst zu sein, dass er Clara eben zu solchen untergeordneten Naturen zähle, weshalb er nicht abließ mit Versuchen, sie in jene Geheimnisse einzuweihen. Am frühen Morgen, wenn Clara das Frühstück bereiten half, stand er bei ihr und las ihr aus al-

30 lerlei mystischen Büchern vor, dass Clara bat: »Aber lieber Nathanael, wenn ich *dich* nun das böse Prinzip schelten wollte, das feindlich auf meinen Kaffee wirkt? – Denn, wenn ich, wie du es willst, alles stehen und liegen lassen und dir, indem du liesest, in die Augen schauen soll, so

35 läuft mir der Kaffee ins Feuer und ihr bekommt alle kein Frühstück!« – Nathanael klappte das Buch heftig zu und

mystisch: geheimnisvoll, dunkel

rannte voll Unmut fort in sein Zimmer. Sonst hatte er eine besondere Stärke in anmutigen, lebendigen Erzählungen, die er aufschrieb und die Clara mit dem innigsten Vergnügen anhörte, jetzt waren seine Dichtungen düster, unverständlich, gestaltlos, sodass, wenn Clara schonend es auch nicht sagte, er doch wohl fühlte, wie wenig sie davon angesprochen wurde. Nichts war für Clara tötender als das Langweilige; in Blick und Rede sprach sich dann ihre nicht zu besiegende geistige Schläfrigkeit aus. Nathanaels Dichtungen waren in der Tat sehr langweilig. Sein Verdruss über Claras kaltes, prosaisches Gemüt stieg höher, Clara konnte ihren Unmut über Nathanaels dunkle, düstere, langweilige Mystik nicht überwinden, und so entfernten beide im Innern sich immer mehr voneinander, ohne es selbst zu bemerken. Die Gestalt des hässlichen Coppelius war, wie Nathanael selbst es sich gestehen musste, in seiner Fantasie erbleicht und es kostete ihn oft Mühe, ihn in seinen Dichtungen, wo er als grauser Schicksalspopanz auftrat, recht lebendig zu kolorieren. Es kam ihm endlich ein, jene düstre Ahnung, dass Coppelius sein Liebesglück stören werde, zum Gegenstande eines Gedichts zu machen. Er stellte sich und Clara dar, in treuer Liebe verbunden, aber dann und wann war es, als griffe eine schwarze Faust in ihr Leben und risse irgendeine Freude heraus, die ihnen aufgegangen. Endlich, als sie schon am Traualtar stehen, erscheint der entsetzliche Coppelius und berührt Claras holde Augen; die springen in Nathanaels Brust wie blutige Funken sengend und brennend, Coppelius fasst ihn und wirft ihn in einen flammenden Feuerkreis, der sich dreht mit der Schnelligkeit des Sturmes und ihn sausend und brausend fortreißt. Es ist ein Tosen, als wenn der Orkan grimmig hineinpeitscht in die schäumenden Meereswellen, die sich wie schwarze, weißhauptige Riesen emporbäumen in wütendem Kampfe. Aber durch dies wilde Tosen hört er Claras Stimme: »Kannst du mich denn nicht erschauen? Coppelius hat dich getäuscht, das waren ja nicht meine Augen, die so in deiner Brust brannten, das waren ja glühende Tropfen deines eignen Herzbluts – ich habe ja meine Augen, sieh mich doch nur an!« – Nathanael denkt: Das ist Clara und ich bin ihr Eigen ewiglich. – Da ist

5 es, als fasst der Gedanke gewaltig in den Feuerkreis hinein, dass er stehen bleibt, und im schwarzen Abgrund verrauscht dumpf das Getöse. Nathanael blickt in Claras Augen; aber es ist der Tod, der mit Claras Augen ihn freundlich anschaut.

10 Während Nathanael dies dichtete, war er sehr ruhig und besonnen, er feilte und besserte an jeder Zeile, und da er sich dem metrischen Zwange unterworfen, ruhte er nicht, bis alles rein und wohlklingend sich fügte. Als er jedoch nun endlich fertig worden und das Gedicht für sich laut las,

15 da fasste ihn Grausen und wildes Entsetzen und er schrie auf. »Wessen grauenvolle Stimme ist das?« – Bald schien ihm jedoch das Ganze wieder nur eine sehr gelungene Dichtung und es war ihm, als müsse Claras kaltes Gemüt dadurch entzündet werden, wiewohl er nicht deutlich

20 dachte, wozu denn Clara entzündet und wozu es denn nun eigentlich führen solle, sie mit den grauenvollen Bildern zu ängstigen, die ein entsetzliches, ihre Liebe zerstörendes Geschick weissagten. Sie, Nathanael und Clara, saßen in der Mutter kleinem Garten, Clara war sehr heiter, weil

25 Nathanael sie seit drei Tagen, in denen er an jener Dichtung schrieb, nicht mit seinen Träumen und Ahnungen geplagt hatte. Auch Nathanael sprach lebhaft und froh von lustigen Dingen wie sonst, so, dass Clara sagte: »Nun erst habe ich dich ganz wieder, siehst du es wohl, wie wir den

30 hässlichen Coppelius vertrieben haben?« Da fiel dem Nathanael erst ein, dass er ja die Dichtung in der Tasche trage, die er habe vorlesen wollen. Er zog auch sogleich die Blätter hervor und fing an zu lesen: Clara, etwas Langweiliges wie gewöhnlich vermutend und sich darein ergebend,

35 fing an, ruhig zu stricken. Aber so, wie immer schwärzer und schwärzer das düstre Gewölk aufstieg, ließ sie den

37

Strickstrumpf sinken und blickte starr dem Nathanael ins Auge. Den riss seine Dichtung unaufhaltsam fort, hochrot färbte seine Wangen die innere Glut, Tränen quollen ihm aus den Augen. – Endlich hatte er geschlossen, er stöhnte in tiefer Ermattung – er fasste Claras Hand und seufzte wie aufgelöst in trostlosem Jammer: »Ach! – Clara – Clara!« Clara drückte ihn sanft an ihren Busen und sagte leise, aber sehr langsam und ernst: »Nathanael – mein herzlieber Nathanael! – Wirf das tolle – unsinnige – wahnsinnige Märchen ins Feuer.« Da sprang Nathanael entrüstet auf und rief, Clara von sich stoßend: »Du lebloses, verdammtes Automat!« Er rannte fort, bittre Tränen vergoss die tief verletzte Clara: »Ach, er hat mich niemals geliebt, denn er versteht mich nicht«, schluchzte sie laut. – Lothar trat in die Laube; Clara musste ihm erzählen, was vorgefallen; er liebte seine Schwester mit ganzer Seele, jedes Wort ihrer Anklage fiel wie ein Funke in sein Inneres, so, dass der Unmut, den er wider den träumerischen Nathanael lange im Herzen getragen, sich entzündete zum wilden Zorn. Er lief zu Nathanael, er warf ihm das unsinnige Betragen gegen die geliebte Schwester in harten Worten vor, die der aufbrausende Nathanael ebenso erwiderte. Ein fantastischer, wahnsinniger Geck wurde mit einem miserablen, gemeinen Alltagsmenschen erwidert. Der Zweikampf war unvermeidlich. Sie beschlossen, sich am folgenden Morgen hinter dem Garten nach dortiger akademischer Sitte mit scharfgeschliffenen Stoßrapieren zu schlagen. Stumm und finster schlichen sie umher, Clara hatte den heftigen Streit gehört und gesehen, dass der Fechtmeister in der Dämmerung die Rapiere brachte. Sie ahnte, was geschehen sollte. Auf dem Kampfplatz angekommen, hatten Lothar und Nathanael soeben düster schweigend die Röcke abgeworfen, blutdürstige Kampflust im brennenden Auge wollten sie gegeneinander ausfallen, als Clara durch die Gartentür herbeistürzte. Schluchzend rief sie laut: »Ihr wilden, entsetzlichen Menschen! – Stoßt mich nur gleich nieder, ehe

toll:
hier verrückt

das Automat:
künstliches
Wesen

Geck:
Narr

Stoßrapier:
Fechtwaffe

38

ihr euch anfallt; denn wie soll ich denn länger leben auf der Welt, wenn der Geliebte den Bruder oder wenn der Bruder den Geliebten ermordet hat!« – Lothar ließ die Waffe sinken und sah schweigend zur Erde nieder, aber in Nathanaels Innern ging in herzzerreißender Wehmut alle Liebe wieder auf, wie er sie jemals in der herrlichen Jugendzeit schönsten Tagen für die holde Clara empfunden. Das Mordgewehr entfiel seiner Hand, er stürzte zu Claras Füßen. »Kannst du mir denn jemals verzeihen, du meine einzige, meine herzgeliebte Clara! – Kannst du mir verzeihen, mein herzlieber Bruder Lothar!« – Lothar wurde gerührt von des Freundes tiefem Schmerz; unter tausend Tränen umarmten sich die drei versöhnten Menschen und schwuren, nicht voneinander zu lassen in steter Liebe und Treue.

Dem Nathanael war es zumute, als sei eine schwere Last, die ihn zu Boden gedrückt, von ihm abgewälzt, ja als habe er, Widerstand leistend der finstern Macht, die ihn befangen, sein ganzes Sein, dem Vernichtung drohte, gerettet. Noch drei selige Tage verlebte er bei den Lieben, dann kehrte er zurück nach G., wo er noch ein Jahr zu bleiben, dann aber auf immer nach seiner Vaterstadt zurückzukehren gedachte.

Der Mutter war alles, was sich auf Coppelius bezog, verschwiegen worden; denn man wusste, dass sie nicht ohne Entsetzen an ihn denken konnte, weil sie, wie Nathanael, ihm den Tod ihres Mannes Schuld gab.

Wie erstaunte Nathanael, als er in seine Wohnung wollte und sah, dass das ganze Haus niedergebrannt war, sodass aus dem Schutthaufen nur die nackten Feuermauern hervorragten. Unerachtet das Feuer in dem Laboratorium des Apothekers, der im untern Stocke wohnte, ausgebrochen war, das Haus daher von unten herauf gebrannt hatte, so war es doch den kühnen, rüstigen Freunden gelungen, noch zu rechter Zeit in Nathanaels im obern Stock gelege-

unerachtet: *hier* obwohl

39

nes Zimmer zu dringen und Bücher, Manuskripte, Instrumente zu retten. Alles hatten sie unversehrt in ein anderes Haus getragen und dort ein Zimmer in Beschlag genommen, welches Nathanael nun sogleich bezog. Nicht sonderlich achtete er darauf, dass er dem Professor Spalanzani 5 gegenüber wohnte, und ebenso wenig schien es ihm etwas Besonderes, als er bemerkte, dass er aus seinem Fenster gerade hinein in das Zimmer blickte, wo oft Olimpia einsam saß, so, dass er ihre Figur deutlich erkennen konnte, wiewohl die Züge des Gesichts undeutlich und verworren 10 blieben. Wohl fiel es ihm endlich auf, dass Olimpia oft stundenlang in derselben Stellung, wie er sie einst durch die Glastüre entdeckte, ohne irgendeine Beschäftigung an einem kleinen Tische saß und dass sie offenbar unverwandten Blickes nach ihm herüberschaute; er musste sich auch 15 selbst gestehen, dass er nie einen schöneren Wuchs gesehen; indessen, Clara im Herzen, blieb ihm die steife, starre Olimpia höchst gleichgültig und nur zuweilen sah er flüchtig über sein Compendium herüber nach der schönen Bildsäule, das war alles. – Eben schrieb er an Clara, als es leise 20 an die Türe klopfte; sie öffnete sich auf seinen Zuruf und Coppolas widerwärtiges Gesicht sah hinein. Nathanael fühlte sich im Innersten erbeben; eingedenk dessen, was ihm Spalanzani über den Landsmann Coppola gesagt und was er auch rücksichts des Sandmanns Coppelius der Ge- 25 liebten so heilig versprochen, schämte er sich aber selbst seiner kindischen Gespensterfurcht, nahm sich mit aller Gewalt zusammen und sprach so sanft und gelassen als möglich: »Ich kaufe kein Wetterglas, mein lieber Freund! Gehen Sie nur!« Da trat aber Coppola vollends in die Stube 30 und sprach mit heiserem Ton, indem sich das weite Maul zum hässlichen Lachen verzog und die kleinen Augen unter den grauen, langen Wimpern stechend hervorfunkelten: »Ei, nix Wetterglas, nix Wetterglas! – Hab auch sköne Oke – sköne Oke!« – Entsetzt rief Nathanael: »Toller 35 Mensch, wie kannst du Augen haben? – Augen – Augen? –«

Compendium: kurzgefasstes Lehrbuch

rücksichts: *hier* bezüglich

sköne Oke: schöne Augen

Aber in dem Augenblick hatte Coppola seine Wettergläser beiseitegesetzt, griff in die weiten Rocktaschen und holte Lorgnetten und Brillen heraus, die er auf den Tisch legte. – »Nu – Nu – Brill – Brill auf der Nas su setze, das sein meine Oke – sköne Oke!« – Und damit holte er immer mehr und mehr Brillen heraus, so, dass es auf dem ganzen Tisch seltsam zu flimmern und zu funkeln begann. Tausend Augen blickten und zuckten krampfhaft und starrten auf zum Nathanael; aber er konnte nicht wegschauen von dem Tisch und immer mehr Brillen legte Coppola hin und immer wilder und wilder sprangen flammende Blicke durcheinander und schossen ihre blutroten Strahlen in Nathanaels Brust. Übermannt von tollem Entsetzen schrie er auf. – »Halt ein! Halt ein, fürchterlicher Mensch!« – Er hatte Coppola, der eben in die Tasche griff, um noch mehr Brillen herauszubringen, unerachtet schon der ganze Tisch überdeckt war, beim Arm festgepackt. Coppola machte sich mit heiserem widrigen Lachen sanft los und mit den Worten: »Ah! – Nix für Sie – aber hier sköne Glas« – hatte er alle Brillen zusammengerafft, eingesteckt und aus der Seitentasche des Rocks eine Menge großer und kleiner Perspektive hervorgeholt. Sowie die Brillen fort waren, wurde Nathanael ganz ruhig und an Clara denkend sah er wohl ein, dass der entsetzliche Spuk nur aus seinem Innern hervorgegangen, sowie, dass Coppola ein höchst ehrlicher Mechanikus und Optikus, keineswegs aber Coppelii verfluchter Doppeltgänger und Revenant sein könne. Zudem hatten alle Gläser, die Coppola nun auf den Tisch gelegt, gar nichts Besonderes, am wenigsten so etwas Gespenstisches wie die Brillen und, um alles wiedergutzumachen, beschloss Nathanael dem Coppola jetzt wirklich etwas abzukaufen. Er ergriff ein kleines, sehr sauber gearbeitetes Taschenperspektiv und sah, um es zu prüfen, durch das Fenster. Noch im Leben war ihm kein Glas vorgekommen, das die Gegenstände so rein, scharf und deutlich dicht vor die Augen rückte. Unwillkürlich sah er hinein in Spalanza-

Lorgnette: Stielbrille

Perspektiv: Fernrohr

Revenant: Wiedergänger, Gespenst

nis Zimmer; Olimpia saß, wie gewöhnlich, vor dem kleinen Tisch, die Arme darauf gelegt, die Hände gefaltet. – Nun erschaute Nathanael erst Olimpias wunderschön geformtes Gesicht. Nur die Augen schienen ihm gar seltsam starr und tot. Doch wie er immer schärfer und schärfer durch das Glas hinschaute, war es, als gingen in Olimpias Augen feuchte Mondesstrahlen auf. Es schien, als wenn nun erst die Sehkraft entzündet würde; immer lebendiger und lebendiger flammten die Blicke. Nathanael lag wie festgezaubert im Fenster, immer fort und fort die himmlisch-schöne Olimpia betrachtend. Ein Räuspern und Scharren weckte ihn, wie aus tiefem Traum. Coppola stand hinter ihm: »Tre Zechini – drei Dukat« – Nathanael hatte den Optikus rein vergessen, rasch zahlte er das Verlangte. »Nick so? – Sköne Glas – sköne Glas!«, frug Coppola mit seiner widerwärtigen, heisern Stimme und dem hämischen Lächeln. »Ja ja, ja!«, erwiderte Nathanael verdrießlich. »Adieu, lieber Freund!« – Coppola verließ nicht ohne viele seltsame Seitenblicke auf Nathanael das Zimmer. Er hörte ihn auf der Treppe laut lachen. »Nun ja«, meinte Nathanael, »er lacht mich aus, weil ich ihm das kleine Perspektiv gewiss viel zu teuer bezahlt habe – zu teuer bezahlt!« – Indem er diese Worte leise sprach, war es, als halle ein tiefer Todesseufzer grauenvoll durch das Zimmer, Nathanaels Atem stockte vor innerer Angst. – Er hatte ja aber selbst so aufgeseufzt, das merkte er wohl. »Clara«, sprach er zu sich selber, »hat wohl recht, dass sie mich für einen abgeschmackten Geisterseher hält; aber närrisch ist es doch – ach wohl mehr als närrisch, dass mich der dumme Gedanke, ich hätte das Glas dem Coppola zu teuer bezahlt, noch jetzt so sonderbar ängstigt; den Grund davon sehe ich gar nicht ein.« – Jetzt setzte er sich hin, um den Brief an Clara zu enden, aber ein Blick durchs Fenster überzeugte ihn, dass Olimpia noch dasäße und im Augenblick, wie von unwiderstehlicher Gewalt getrieben, sprang er auf, ergriff Coppolas Perspektiv und konnte nicht los von Olimpias verführerischem

Tre Zechini, drei Dukat: drei Münzen

abgeschmackt: hier dumm

Anblick, bis ihn Freund und Bruder Siegmund abrief ins Kollegium bei dem Professor Spalanzani. Die Gardine vor dem verhängnisvollen Zimmer war dicht zugezogen, er konnte Olimpia ebenso wenig hier als die beiden folgenden Tage hindurch in ihrem Zimmer entdecken, unerachtet er kaum das Fenster verließ und fortwährend durch Coppolas Perspektiv hinüberschaute. Am dritten Tage wurden sogar die Fenster verhängt. Ganz verzweifelt und getrieben von Sehnsucht und glühendem Verlangen lief er hinaus vors Tor. Olimpias Gestalt schwebte vor ihm her in den Lüften und trat aus dem Gebüsch und guckte ihn an mit großen, strahlenden Augen aus dem hellen Bach. Claras Bild war ganz aus seinem Innern gewichen, er dachte nichts als Olimpia und klagte ganz laut und weinerlich: »Ach, du mein hoher, herrlicher Liebesstern, bist du mir denn nur aufgegangen, um gleich wieder zu verschwinden und mich zu lassen in finstrer, hoffnungsloser Nacht?«

Als er zurückkehren wollte in seine Wohnung, wurde er in Spalanzanis Hause ein geräuschvolles Treiben gewahr. Die Türen standen offen, man trug allerlei Geräte hinein, die Fenster des ersten Stocks waren ausgehoben, geschäftige Mägde kehrten und stäubten mit großen Haarbesen hin- und herfahrend, inwendig klopften und hämmerten Tischler und Tapezierer. Nathanael blieb in vollem Erstaunen auf der Straße stehen; da trat Siegmund lachend zu ihm und sprach: »Nun, was sagst du zu unserem alten Spalanzani?« Nathanael versicherte, dass er gar nichts sagen könne, da er durchaus nichts vom Professor wisse, vielmehr mit großer Verwunderung wahrnehme, wie in dem stillen, düstern Hause ein tolles Treiben und Wirtschaften losgegangen; da erfuhr er denn von Siegmund, dass Spalanzani morgen ein großes Fest geben wolle, Konzert und Ball, und dass die halbe Universität eingeladen sei. Allgemein verbreite man, dass Spalanzani seine Tochter Olimpia, die er so lange jedem menschlichen Auge recht ängstlich entzogen, zum ersten Mal erscheinen lassen werde.

Nathanael fand eine Einladungskarte und ging mit hoch-
klopfendem Herzen zur bestimmten Stunde, als schon die
Wagen rollten und die Lichter in den geschmückten Sälen
schimmerten, zum Professor. Die Gesellschaft war zahl-
reich und glänzend. Olimpia erschien sehr reich und ge- 5
schmackvoll gekleidet. Man musste ihr schön geformtes
Gesicht, ihren Wuchs bewundern. Der etwas seltsam ein-
gebogene Rücken, die wespenartige Dünne des Leibes
schien von zu starkem Einschnüren bewirkt zu sein. In
Schritt und Stellung hatte sie etwas Abgemessenes und 10
Steifes, das manchem unangenehm auffiel; man schrieb es
dem Zwange zu, den ihr die Gesellschaft auflegte. Das
Konzert begann. Olimpia spielte den Flügel mit großer Fer-
tigkeit und trug ebenso eine Bravour-Arie mit heller, beinahe schneidender Glasglockenstimme vor. 15
Nathanael war ganz entzückt; er stand in der hintersten
Reihe und konnte im blendenden Kerzenlicht Olimpias
Züge nicht ganz erkennen. Ganz unvermerkt nahm er deshalb Coppolas Glas hervor und schaute hin nach der schönen Olimpia. Ach! – Da wurde er gewahr, wie sie voll Sehn- 20
sucht nach ihm herübersah, wie jeder Ton erst deutlich
aufging in dem Liebesblick, der zündend sein Inneres
durchdrang. Die künstlichen Rouladen schienen dem
Nathanael das Himmelsjauchzen des in Liebe verklärten
Gemüts, und als nun endlich nach der Kadenz der lange 25
Trillo recht schmetternd durch den Saal gellte, konnte er
wie von glühenden Armen plötzlich erfasst sich nicht mehr
halten, er musste vor Schmerz und Entzücken laut auf-
schreien: »Olimpia!« – Alle sahen sich um nach ihm, manche lachten. Der Domorganist schnitt aber noch ein finst- 30
reres Gesicht als vorher und sagte bloß: »Nun nun!« – Das
Konzert war zu Ende, der Ball fing an. »Mit ihr zu tanzen! –
Mit ihr!« Das war nun dem Nathanael das Ziel aller Wün-
sche, alles Strebens; aber wie sich erheben zu dem Mut, sie,
die Königin des Festes, aufzufordern? Doch! – Er selbst 35
wusste nicht, wie es geschah, dass er, als schon der Tanz

Roulade:
Koloraturpassage
in Gesangs-
stücken; perlen-
der Lauf

Kadenz:
Improvisation

Trillo:
Triller

44

angefangen, dicht neben Olimpia stand, die noch nicht aufgefordert worden, und dass er, kaum vermögend einige Worte zu stammeln, ihre Hand ergriff. Eiskalt war Olimpias Hand, er fühlte sich durchbebt von grausigem Todes-
5 frost, er starrte Olimpia ins Auge, das strahlte ihm voll Liebe und Sehnsucht entgegen, und in dem Augenblick war es auch, als fingen an, in der kalten Hand Pulse zu schlagen und des Lebensblutes Ströme zu glühen. Und auch in Nathanaels Innerm glühte höher auf die Liebeslust, er um-
10 schlang die schöne Olimpia und durchflog mit ihr die Reihen. – Er glaubte sonst recht taktmäßig getanzt zu haben, aber an der ganz eignen rhythmischen Festigkeit, womit Olimpia tanzte und die ihn oft ordentlich aus der Haltung brachte, merkte er bald, wie sehr ihm der Takt gemangelt.
15 Er wollte jedoch mit keinem andern Frauenzimmer mehr tanzen und hätte jeden, der sich Olimpia näherte, um sie aufzufordern, nur gleich ermorden mögen. Doch nur zweimal geschah dies, zu seinem Erstaunen blieb darauf Olimpia bei jedem Tanze sitzen und er ermangelte nicht, immer
20 wieder sie aufzuziehen. Hätte Nathanael außer der schönen Olimpia noch etwas andres zu sehen vermocht, so wäre allerlei fataler Zank und Streit unvermeidlich gewesen; denn offenbar ging das halbleise, mühsam unterdrückte Gelächter, was sich in diesem und jenem Winkel unter den
25 jungen Leuten erhob, auf die schöne Olimpia, die sie mit ganz kuriosen Blicken verfolgten, man konnte gar nicht wissen, warum? Durch den Tanz und durch den reichlich genossenen Wein erhitzt, hatte Nathanael alle ihm sonst eigne Scheu abgelegt. Er saß neben Olimpia, ihre Hand in
30 der seinigen und sprach hochentflammt und begeistert von seiner Liebe in Worten, die keiner verstand, weder er noch Olimpia. Doch diese vielleicht; denn sie sah ihm unverrückt ins Auge und seufzte einmal übers andere: »Ach – Ach – Ach!« – worauf denn Nathanael also sprach: »O du
35 herrliche, himmlische Frau! – Du Strahl aus dem verheißenen Jenseits der Liebe – du tiefes Gemüt, in dem sich mein

ganzes Sein spiegelt«, und noch mehr dergleichen, aber Olimpia seufzte bloß immer wieder: »Ach, Ach!« – Der Professor Spalanzani ging einige Mal bei den Glücklichen vorüber und lächelte sie ganz seltsam zufrieden an. Dem Nathanael schien es, unerachtet er sich in einer ganz andern Welt befand, mit einem Mal, als würd es hienieden beim Professor Spalanzani merklich finster; er schaute um sich und wurde zu seinem nicht geringen Schreck gewahr, dass eben die zwei letzten Lichter in dem leeren Saal herniederbrennen und ausgehen wollten. Längst hatten Musik und Tanz aufgehört. »Trennung, Trennung«, schrie er ganz wild und verzweifelt, er küsste Olimpias Hand, er neigte sich zu ihrem Munde, eiskalte Lippen begegneten seinen glühenden! – So wie, als er Olimpias kalte Hand berührte, fühlte er sich von innerem Grausen erfasst, die Legende von der toten Braut ging ihm plötzlich durch den Sinn; aber fest hatte ihn Olimpia an sich gedrückt und in dem Kuss schienen die Lippen zum Leben zu erwarmen. – Der Professor Spalanzani schritt langsam durch den leeren Saal, seine Schritte klangen hohl wider und seine Figur, von flackernden Schlagschatten umspielt, hatte ein grauliches, gespenstisches Ansehen. »Liebst du mich – liebst du mich, Olimpia? – Nur dies Wort! – Liebst du mich?« So flüsterte Nathanael, aber Olimpia seufzte, indem sie aufstand, nur: »Ach – Ach!« – »Ja du mein holder, herrlicher Liebesstern«, sprach Nathanael, »bist mir aufgegangen und wirst leuchten, wirst verklären mein Inneres immerdar!« – »Ach, ach!«, replizierte Olimpia fortschreitend. Nathanael folgte ihr, sie standen vor dem Professor. »Sie haben sich außerordentlich lebhaft mit meiner Tochter unterhalten«, sprach dieser lächelnd: »Nun, nun, lieber Herr Nathanael, finden Sie Geschmack daran, mit dem blöden Mädchen zu konversieren, so sollen mir Ihre Besuche willkommen sein.« – Einen ganzen, hellen, strahlenden Himmel in der Brust schied Nathanael von dannen. Spalanzanis Fest war der Gegenstand des Gesprächs in den

Legende von der toten Braut: Sagenstoff, in dem eine Verstorbene ihren Geliebten besucht

replizieren: antworten

blöde: *hier* scheu, unerfahren

46

folgenden Tagen. Unerachtet der Professor alles getan hatte, recht splendid zu erscheinen, so wussten doch die lustigen Köpfe von allerlei Unschicklichem und Sonderbarem
zu erzählen, das sich begeben, und vorzüglich fiel man
5 über die todstarre, stumme Olimpia her, der man, ihres
schönen Äußern unerachtet, totalen Stumpfsinn andich-
ten und darin die Ursache finden wollte, warum Spalanzani sie so lange verborgen gehalten. Nathanael vernahm das
nicht ohne innern Grimm, indessen schwieg er; denn,
10 dachte er, würde es wohl verlohnen, diesen Burschen zu
beweisen, dass eben ihr eigner Stumpfsinn es ist, der sie
Olimpias tiefes, herrliches Gemüt zu erkennen hindert?
»Tu mir den Gefallen, Bruder«, sprach eines Tages Siegmund, »tu mir den Gefallen und sage, wie es dir gescheu-
15 ten Kerl möglich war, dich in das Wachsgesicht, in die
Holzpuppe da drüben zu vergaffen?« Nathanael wollte zor-
nig auffahren, doch schnell besann er sich und erwiderte:
»Sage *du* mir, Siegmund, wie deinem, sonst alles Schöne
klar auffassenden Blick, deinem regen Sinn, Olimpias
20 himmlischer Liebreiz entgehen konnte? Doch eben deshalb habe ich, Dank sei es dem Geschick, dich nicht zum
Nebenbuhler; denn sonst müsste einer von uns blutend
fallen.« Siegmund merkte wohl, wie es mit dem Freunde
stand, lenkte geschickt ein und fügte, nachdem er geäu-
25 ßert, dass in der Liebe niemals über den Gegenstand zu
richten sei, hinzu: »Wunderlich ist es doch, dass viele von
uns über Olimpia ziemlich gleich urteilen. Sie ist uns –
nimm es nicht übel, Bruder! – auf seltsame Weise starr und
seelenlos erschienen. Ihr Wuchs ist regelmäßig, so wie ihr
30 Gesicht, das ist wahr! – Sie könnte für schön gelten, wenn
ihr Blick nicht so ganz ohne Lebensstrahl, ich möchte sagen, ohne Sehkraft wäre. Ihr Schritt ist sonderbar abgemes-
sen, jede Bewegung scheint durch den Gang eines aufgezo-
genen Räderwerks bedingt. Ihr Spiel, ihr Singen hat den
35 unangenehm richtigen, geistlosen Takt der singenden Maschine und ebenso ist ihr Tanz. Uns ist diese Olimpia ganz

splendid:
freigiebig

47

unheimlich geworden, wir mochten nichts mit ihr zu schaffen haben, es war uns, als tue sie nur so wie ein lebendiges Wesen und doch habe es mit ihr eine eigne Bewandtnis.« – Nathanael gab sich dem bittern Gefühl, das ihn bei diesen Worten Siegmunds ergreifen wollte, durchaus nicht 5 hin, er wurde Herr seines Unmuts und sagte bloß sehr ernst: »Wohl mag euch, ihr kalten, prosaischen Menschen, Olimpia unheimlich sein. Nur dem poetischen Gemüt entfaltet sich das gleich organisierte! – Nur *mir* ging ihr Liebesblick auf und durchstrahlte Sinn und Gedanken, nur in 10 Olimpias Liebe finde ich mein Selbst wieder. Euch mag es nicht recht sein, dass sie nicht in platter Konversation faselt wie die andern flachen Gemüter. Sie spricht wenig Worte, das ist wahr; aber diese wenigen Worte erscheinen als echte Hieroglyphe der innern Welt voll Liebe und hoher 15 Erkenntnis des geistigen Lebens in der Anschauung des ewigen Jenseits. Doch für alles das habt ihr keinen Sinn und alles sind verlorne Worte.« – »Behüte dich Gott, Herr Bruder«, sagte Siegmund sehr sanft, beinahe wehmütig, »aber mir scheint es, du seist auf bösem Wege. Auf mich 20 kannst du rechnen, wenn alles – Nein, ich mag nichts weiter sagen! –« Dem Nathanael war es plötzlich, als meine der kalte, prosaische Siegmund es sehr treu mit ihm, er schüttelte daher die ihm dargebotene Hand recht herzlich. Nathanael hatte rein vergessen, dass es eine Clara in der 25 Welt gebe, die er sonst geliebt; – die Mutter – Lothar – alle waren aus seinem Gedächtnis entschwunden, er lebte nur für Olimpia, bei der er täglich stundenlang saß und von seiner Liebe, von zum Leben erglühter Sympathie, von psychischer Wahlverwandtschaft fantasierte, welches alles 30 Olimpia mit großer Andacht anhörte. Aus dem tiefsten Grunde des Schreibpults holte Nathanael alles hervor, was er jemals geschrieben. Gedichte, Fantasien, Visionen, Romane, Erzählungen, das wurde täglich vermehrt mit allerlei ins Blaue fliegenden Sonetten, Stanzen, Canzonen, und 35 das alles las er der Olimpia stundenlang hintereinander

das gleich organisierte Gemüt: das ebenfalls poetische Gemüt

Sonett, Stanze, Canzone: dichterische Formen

48

vor, ohne zu ermüden. Aber auch noch nie hatte er eine solche herrliche Zuhörerin gehabt. Sie stickte und strickte nicht, sie sah nicht durchs Fenster, sie fütterte keinen Vo-gel, sie spielte mit keinem Schoßhündchen, mit keiner

5 Lieblingskatze, sie drehte keine Papierschnitzchen oder sonst etwas in der Hand, sie durfte kein Gähnen durch ei-nen leisen erzwungenen Husten bezwingen – kurz! – stun-denlang sah sie mit starrem Blick unverwandt dem Gelieb-ten ins Auge, ohne sich zu rücken und zu bewegen, und

10 immer glühender, immer lebendiger wurde dieser Blick. Nur wenn Nathanael endlich aufstand und ihr die Hand, auch wohl den Mund küsste, sagte sie: »Ach, Ach!« – dann aber: »Gute Nacht, mein Lieber!« – »O du herrliches, du tiefes Gemüt«, rief Nathanael auf seiner Stube, »nur von

15 dir, von dir allein werd ich ganz verstanden.« Er erbebte vor innerm Entzücken, wenn er bedachte, welch wunder-barer Zusammenklang sich in seinem und Olimpias Ge-müt täglich mehr offenbare; denn es schien ihm, als habe Olimpia über seine Werke, über seine Dichtergabe über-

20 haupt recht tief aus seinem Innern gesprochen, ja als habe die Stimme aus seinem Innern selbst herausgetönt. Das musste denn wohl auch sein; denn mehr Worte als vorhin erwähnt sprach Olimpia niemals. Erinnerte sich aber auch Nathanael in hellen, nüchternen Augenblicken, z.B. mor-

25 gens gleich nach dem Erwachen, wirklich an Olimpias gänzliche Passivität und Wortkargheit, so sprach er doch: »Was sind Worte – Worte! – Der Blick ihres himmlischen Auges sagt mehr als jede Sprache hienieden. Vermag denn überhaupt ein Kind des Himmels sich einzuschichten in

30 den engen Kreis, den ein klägliches, irdisches Bedürfnis ge-zogen?« – Professor Spalanzani schien hocherfreut über das Verhältnis seiner Tochter mit Nathanael; er gab diesem allerlei unzweideutige Zeichen seines Wohlwollens, und als es Nathanael endlich wagte, von ferne auf eine Verbin-

35 dung mit Olimpia anzuspielen, lächelte dieser mit dem ganzen Gesicht und meinte: er werde seiner Tochter völlig

dürfen:
hier müssen

49

freie Wahl lassen. – Ermutigt durch diese Worte, brennendes Verlangen im Herzen, beschloss Nathanael, gleich am folgenden Tage Olimpia anzusehen, dass sie das unumwunden in deutlichen Worten ausspreche, was längst ihr holder Liebesblick ihm gesagt, dass sie sein Eigen immerdar sein wolle. Er suchte nach dem Ringe, den ihm beim Abschiede die Mutter geschenkt, um ihn Olimpia als Symbol seiner Hingebung, seines mit ihr aufkeimenden, blühenden Lebens darzureichen. Claras, Lothars Briefe fielen ihm dabei in die Hände; gleichgültig warf er sie beiseite, fand den Ring, steckte ihn ein und rannte herüber zu Olimpia. Schon auf der Treppe, auf dem Flur, vernahm er ein wunderliches Getöse; es schien aus Spalanzanis Studierzimmer herauszuschallen. – Ein Stampfen – ein Klirren – ein Stoßen – Schlagen gegen die Tür, dazwischen Flüche und Verwünschungen. Lass los – lass los – Infamer – Verruchter! – Darum Leib und Leben daran gesetzt? – Ha ha ha ha! – So haben wir nicht gewettet – ich, ich hab die Augen gemacht – ich das Räderwerk – dummer Teufel mit deinem Räderwerk – verfluchter Hund von einfältigem Uhrmacher – fort mit dir – Satan – halt – Peipendreher – teuflische Bestie! – Halt – fort – lass los! – Es waren Spalanzanis und des grässlichen Coppelius Stimmen, die so durcheinanderschwirrten und -tobten. Hinein stürzte Nathanael von namenloser Angst ergriffen. Der Professor hatte eine weibliche Figur bei den Schultern gepackt, der Italiener Coppola bei den Füßen, die zerrten und zogen sie hin und her, streitend in voller Wut um den Besitz. Voll tiefen Entsetzens prallte Nathanael zurück, als er die Figur für Olimpia erkannte; aufflammend in wildem Zorn wollte er den Wütenden die Geliebte entreißen, aber in dem Augenblick wand Coppola sich mit Riesenkraft drehend die Figur dem Professor aus den Händen und versetzte ihm mit der Figur selbst einen fürchterlichen Schlag, dass er rücklings über den Tisch, auf dem Phiolen, Retorten, Flaschen, gläserne Zylinder standen, taumelte und hinstürzte; alles Ge-

Infamer:
Bösartiger,
Unverschämter

Peipendreher:
Drechsler; evtl.
Druckfehler.
In der Handschrift steht –
schwer lesbar –
evtl. Puppendreher.

Phiole, Retorte:
Gefäße für
chemische
Experimente

50

rät klirrte in tausend Scherben zusammen. Nun warf Coppola die Figur über die Schulter und rannte mit fürchterlich gellendem Gelächter rasch fort die Treppe herab, sodass die hässlich herunterhängenden Füße der Figur auf den Stufen hölzern klapperten und dröhnten. – Erstarrt stand Nathanael – nur zu deutlich hatte er gesehen, Olimpias toderbleichtes Wachsgesicht hatte keine Augen, statt ihrer schwarze Höhlen; sie war eine leblose Puppe. Spalanzani wälzte sich auf der Erde, Glasscherben hatten ihm Kopf, Brust und Arm zerschnitten, wie aus Springquellen strömte das Blut empor. Aber er raffte seine Kräfte zusammen. – »Ihm nach – ihm nach, was zauderst du? – Coppelius – Coppelius, mein bestes Automat hat er mir geraubt – Zwanzig Jahre daran gearbeitet – Leib und Leben daran gesetzt – das Räderwerk – Sprache – Gang – mein – die Augen – die Augen dir gestohlen. – Verdammter – Verfluchter – ihm nach – hol mir Olimpia – da hast du die Augen! –« Nun sah Nathanael, wie ein Paar blutige Augen auf dem Boden liegend ihn anstarrten, die ergriff Spalanzani mit der unverletzten Hand und warf sie nach ihm, dass sie seine Brust trafen. – Da packte ihn der Wahnsinn mit glühenden Krallen und fuhr in sein Inneres hinein, Sinn und Gedanken zerreißend. »Hui – hui – hui! *Feuerkreis* – *Feuerkreis!* Dreh dich, *Feuerkreis* – lustig – lustig! – Holzpüppchen, hui, schön Holzpüppchen, dreh dich –« damit warf er sich auf den Professor und drückte ihm die Kehle zu. Er hätte ihn erwürgt, aber das Getöse hatte viele Menschen herbeigelockt, die drangen ein, rissen den wütenden Nathanael auf und retteten so den Professor, der gleich verbunden wurde. Siegmund, so stark er war, vermochte nicht, den Rasenden zu bändigen; der schrie mit fürchterlicher Stimme immerfort: »Holzpüppchen, dreh dich« und schlug um sich mit geballten Fäusten. Endlich gelang es der vereinten Kraft mehrerer, ihn zu überwältigen, indem sie ihn zu Boden warfen und banden. Seine Worte gingen unter in entsetzlichem tierischen Gebrüll. So in grässlicher Raserei tobend wurde er nach dem Tollhause gebracht.

Ehe ich, günstiger Leser!, dir zu erzählen fortfahre, was sich weiter mit dem unglücklichen Nathanael zugetragen, kann ich dir, solltest du einigen Anteil an dem geschickten Mechanikus und Automat-Fabrikanten Spalanzani nehmen, versichern, dass er von seinen Wunden völlig geheilt wurde. Er musste indes die Universität verlassen, weil Nathanaels Geschichte Aufsehen erregt hatte und es allgemein für gänzlich unerlaubten Betrug gehalten wurde, vernünftigen Teezirkeln (Olimpia hatte sie mit Glück besucht) statt der lebendigen Person eine Holzpuppe einzuschwärzen. Juristen nannten es sogar einen feinen und umso härter zu bestrafenden Betrug, als er gegen das Publikum gerichtet und so schlau angelegt worden, dass kein Mensch (ganz kluge Studenten ausgenommen) es gemerkt habe, unerachtet jetzt alle weise tun und sich auf allerlei Tatsachen berufen wollten, die ihnen verdächtig vorgekommen. Diese Letzteren brachten aber eigentlich nichts Gescheutes zutage. Denn konnte z.B. wohl irgendjemandem verdächtig vorgekommen sein, dass nach der Aussage eines eleganten Teeisten Olimpia gegen alle Sitte öfter genieset als gegähnt hatte? Ersteres, meinte der Elegant, sei das Selbstaufziehen des verborgenen Triebwerks gewesen, merklich habe es dabei geknarrt usw. Der Professor der Poesie und Beredsamkeit nahm eine Prise, klappte die Dose zu, räusperte sich und sprach feierlich: »Hochzuverehrende Herren und Damen! Merken Sie denn nicht, wo der Hase im Pfeffer liegt? Das Ganze ist eine Allegorie – eine fortgeführte Metapher! – Sie verstehen mich! – Sapienti sat!« Aber viele hochzuverehrende Herren beruhigten sich nicht dabei; die Geschichte mit dem Automat hatte tief in ihrer Seele Wurzel gefasst und es schlich sich in der Tat abscheuliches Misstrauen gegen menschliche Figuren ein. Um nun ganz überzeugt zu werden, dass man keine Holzpuppe liebe, wurde von mehrern Liebhabern verlangt, dass die Ge-

---

Teezirkel: Teegesellschaft

einschwärzen: einschmuggeln

eleganter Teeist: fein gekleideter Teilnehmer einer Teegesellschaft

eine Prise: eine Prise Schnupftabak

Allegorie: Sinnbild

Sapienti sat: *lat.* Dem Wissenden genügt es.

liebte etwas taktlos singe und tanze, dass sie beim Vorlesen sticke, stricke, mit dem Möpschen spiele usw., vor allen Dingen aber, dass sie nicht bloß höre, sondern auch manchmal in der Art spreche, dass dies Sprechen wirklich ein Denken und Empfinden voraussetze. Das Liebesbündnis vieler wurde fester und dabei anmutiger, andere dagegen gingen leise auseinander. »Man kann wahrhaftig nicht dafür stehen«, sagte dieser und jener. In den Tees wurde unglaublich gegähnt und niemals genieset, um jedem Verdacht zu begegnen. – Spalanzani musste, wie gesagt, fort, um der Kriminaluntersuchung wegen [des] der menschlichen Gesellschaft betrüglicherweise eingeschobenen Automats zu entgehen. Coppola war auch verschwunden. Nathanael erwachte wie aus schwerem, fürchterlichem Traum, er schlug die Augen auf und fühlte wie ein unbeschreibliches Wonnegefühl mit sanfter, himmlischer Wärme ihn durchströmte.

Er lag in seinem Zimmer in des Vaters Hause auf dem Bette, Clara hatte sich über ihn hingebeugt und unfern standen die Mutter und Lothar. »Endlich, endlich, o mein herzlieber Nathanael – Nun bist du genesen von schwerer Krankheit – nun bist du wieder mein!« – So sprach Clara recht aus tiefer Seele und fasste den Nathanael in ihre Arme. Aber dem quollen vor lauter Wehmut und Entzücken die hellen, glühenden Tränen aus den Augen und er stöhnte tief auf. »Meine – meine Clara!« – Siegmund, der getreulich ausgeharrt bei dem Freunde in großer Not, trat herein. Nathanael reichte ihm die Hand: »Du treuer Bruder hast mich doch nicht verlassen.« – Jede Spur des Wahnsinns war verschwunden, bald erkräftigte sich Nathanael in der sorglichen Pflege der Mutter, der Geliebten, der Freunde. Das Glück war unterdessen in das Haus eingekehrt; denn ein alter, karger Oheim, von dem niemand etwas gehofft, war gestorben und hatte der Mutter nebst einem nicht unbedeutenden Vermögen ein Gütchen in einer angenehmen Gegend unfern der Stadt hinterlassen. Dort wollten sie hin-

Oheim: Onkel

53

ziehen, die Mutter, Nathanael mit seiner Clara, die er nun
zu heiraten gedachte, und Lothar. Nathanael war milder,
kindlicher geworden, als er je gewesen und erkannte nun
erst recht Claras himmlisch reines, herrliches Gemüt. Niemand erinnerte ihn auch nur durch den leisesten Anklang 5
an die Vergangenheit. Nur, als Siegmund von ihm schied,
sprach Nathanael: »Bei Gott, Bruder! Ich war auf schlimm-
mem Wege, aber zu rechter Zeit leitete mich ein Engel auf
den lichten Pfad! – Ach, es war ja Clara! –« Siegmund ließ
ihn nicht weiterreden, aus Besorgnis, tief verletzende Erin- 10
nerungen möchten ihm zu hell und flammend aufgehen. –
Es war an der Zeit, dass die vier glücklichen Menschen
nach dem Gütchen ziehen wollten. Zur Mittagsstunde gingen sie durch die Straßen der Stadt. Sie hatten manches
eingekauft, der hohe Ratsturm warf seinen Riesenschatten 15
über den Markt. »Ei!«, sagte Clara, »steigen wir doch noch
einmal herauf und schauen in das ferne Gebirge hinein!«
Gesagt, getan! Beide, Nathanael und Clara, stiegen herauf,
die Mutter ging mit der Dienstmagd nach Hause, und Lothar, nicht geneigt, die vielen Stufen zu erklettern, wollte 20
unten warten. Da standen die beiden Liebenden Arm in
Arm auf der höchsten Galerie des Turmes und schauten
hinein in die duftigen Waldungen, hinter denen das blaue
Gebirge, wie eine Riesenstadt, sich erhob.
»Sieh doch den sonderbaren kleinen, grauen Busch, der or- 25
dentlich auf uns loszuschreiten scheint«, frug Clara. –
Nathanael fasste mechanisch nach der Seitentasche; er
fand Coppolas Perspektiv, er schaute seitwärts – Clara
stand vor dem Glase! – Da zuckte es krampfhaft in seinen
Pulsen und Adern – totenbleich starrte er Clara an, aber 30
bald glühten und sprühten Feuerströme durch die rollen-
den Augen, grässlich brüllte er auf, wie ein gehetztes Tier;
dann sprang er hoch in die Lüfte und grausig dazwischen
lachend schrie er in schneidendem Ton: »Holzpüppchen,
dreh dich – Holzpüppchen, dreh dich« – und mit gewalti- 35
ger Kraft fasste er Clara und wollte sie herabschleudern,

aber Clara krallte sich in verzweifelnder Todesangst fest an das Geländer. Lothar hörte den Rasenden toben, er hörte Claras Angstgeschrei, grässliche Ahnung durchflog ihn, er rannte herauf, die Tür der zweiten Treppe war verschlos-
5 sen – stärker hallte Claras Jammergeschrei. Unsinnig vor Wut und Angst stieß er gegen die Tür, die endlich auf-sprang – Matter und matter wurden nun Claras Laute: »Hülfe – rettet – rettet –«, so erstarb die Stimme in den Lüften. »Sie ist hin – ermordet von dem Rasenden«, so
10 schrie Lothar. Auch die Tür zur Galerie war zugeschlagen. – Die Verzweiflung gab ihm Riesenkraft, er sprengte die Tür aus den Angeln. Gott im Himmel – Clara schwebte von dem rasenden Nathanael erfasst über der Galerie in den Lüften – nur mit einer Hand hatte sie noch die Eisenstäbe
15 umklammert. Rasch wie der Blitz erfasste Lothar die Schwester, zog sie hinein und schlug in demselben Augen-blick mit geballter Faust dem Wütenden ins Gesicht, dass er zurückprallte und die Todesbeute fahren ließ.
Lothar rannte herab, die ohnmächtige Schwester in den
20 Armen. – Sie war gerettet. – Nun raste Nathanael herum auf der Galerie und sprang hoch in die Lüfte und schrie »*Feuerkreis*, dreh dich – *Feuerkreis*, dreh dich« – Die Men-schen liefen auf das wilde Geschrei zusammen; unter ih-nen ragte riesengroß der Advokat Coppelius hervor, der
25 eben in die Stadt gekommen und gerades Weges nach dem Markt geschritten war. Man wollte herauf, um sich des Ra-senden zu bemächtigen, da lachte Coppelius sprechend: »Ha ha – wartet nur, der kommt schon herunter von selbst«, und schaute wie die Übrigen hinauf. Nathanael
30 blieb plötzlich wie erstarrt stehen, er bückte sich herab, wurde den Coppelius gewahr und mit dem gellenden Schrei: »Ha! Sköne Oke – Sköne Oke«, sprang er über das Geländer.
Als Nathanael mit zerschmettertem Kopf auf dem Stein-
35 pflaster lag, war Coppelius im Gewühl verschwunden.

Nach mehreren Jahren will man in einer entfernten Gegend Clara gesehen haben, wie sie mit einem freundlichen Mann Hand in Hand vor der Türe eines schönen Landhauses saß und vor ihr zwei muntre Knaben spielten. Es wäre daraus zu schließen, dass Clara das ruhige häusliche Glück 5 noch fand, das ihrem heitern, lebenslustigen Sinn zusagte und das ihr der im Innern zerrissene Nathanael niemals hätte gewähren können.

Sachinformationen

Automaten-Menschen

Wenn E.T.A. Hoffmann in seiner Erzählung einen menschen-
ähnlichen Automaten schildert, so hat dies einen zeitgeschichtlichen Hintergrund:

Zwar wurden die Idee und der Wunsch, Wesen zu erfinden und
zu konstruieren, die über menschliche Fähigkeiten verfügen,
bereits im Altertum in der *Ilias* von Homer gestaltet. Hephais-
tos, der Schmiedegott, schuf dort einen Erz-Riesen, der gegen
Feinde kämpfen und diese vernichten konnte. Aber erst die
technologische Entwicklung von Uhrwerken – besonders seit
der Renaissance – beförderte den Bau von Automaten. Die
mechanische Nachahmung menschlicher Bewegungen und
Fertigkeiten gelang in verblüffender Weise, z. B. in besonderen
Musik-Automaten, wie dem einer mechanischen Orgelspiele-
rin. Im 18. Jahrhundert bewunderte die Gesellschaft auch
einen Flötisten, den der Mechaniker Jacques de Vaucanson
hergestellt hatte, oder einen Trompeter von Johann Gottfried
Kaufmann. Automaten-Menschen wurden vor allem auf Jahr-
märkten vorgeführt und bestaunt. E.T.A. Hoffmann war von
diesen Automaten fasziniert und besuchte damals populäre
Ausstellungen von Automatenbauern. Das Motiv des Automaten-Menschen griff er in zahlreichen literarischen Darstellun-
gen auf, z. B. in seiner Erzählung *Die Automate* (1814), in der
er die Geschichte eines künstlichen Türken erzählt, der die
geheimsten Gedanken der anderen kennt. Auch in der Erzäh-

lung *Der Sandmann* nimmt das Motiv des Automaten-Menschen mit der Darstellung der Olimpia eine zentrale Position ein.

Dass Hoffmann den Automaten – bei allem Interesse – auch kritisch gegenüberstand, wird an Äußerungen seiner literarischen Figuren in der Erzählung *Die Automate* deutlich, die sich distanziert und dezidiert skeptisch über Automaten äußern.

In der Diskussion über die Automaten-Menschen treffen zwei Auffassungen vom Menschen aufeinander: einerseits das materialistische Menschenbild französischer und anderer europäischer Philosophen (René Descartes, Julien Offrey de la Mettrie), wonach der Mensch wie eine Maschine funktioniere, andererseits die Auffassung, dass den Menschen nicht das »mechanische« Funktionieren ausmache, sondern Selbstbestimmung und Beseeltheit, freier Wille und Fantasiebegabung. Bis heute wird in der Philosophie, der Soziologie, der Psychologie und der Medizin das Problem diskutiert, ob der Mensch durch mechanische, physikalische und chemische Prozesse bestimmt ist oder als geistig unabhängiges Wesen durch Freiheit und Selbstbestimmung.

Die Begeisterung für Automaten nahm im Laufe des 19. Jahrhunderts allgemein ab. Die Fragen aber, die damit verbunden waren, sind bis heute aktuell. So beschäftigt die Möglichkeit künstlicher Intelligenz (KI) die heutige Wissenschaft in einem eigenen Wissenschaftszweig.

Die verschwommenen Grenzen zwischen Menschen und Androiden, die vom Menschen nicht oder kaum unterscheidbar sind, sowie Robotern ist auch ein immer wiederkehrendes Motiv in der Literatur, der bildenden Kunst und dem Film. Beispiele dafür sind die Filme *Metropolis* von Fritz Lang (1926), *Blade Runner* von Ridley Scott (1982), *Der 200 Jahre Mann* von Chris Columbus (1999) und *A.I. Künstliche Intelligenz* von Steven Spielberg (2001). In der Literatur gehören dazu die Erzählungen *Die Maske* von Stanislaw Lem (1976) oder *Olympia Zwo* von Günther Kunert (1999).

Literatur

Wawrzyn, Lienhard: Der Automaten-Mensch.
Berlin: Verlag Klaus Wagenbach 1976, S. 98–109.

Fantastische Literatur

Die Klassifizierung eines Textes als »Fantastische Literatur« ist alltagssprachlich im konkreten Fall meist gut nachvollziehbar. In der Regel wird fantastisch hier als das Gegenteil von realistisch verstanden. Wie aber kann das Phänomen literaturtheoretisch überzeugend gefasst werden? Drei mögliche Annäherungen an die Bestimmung des Fantastischen sind:

1. Das Fantastische kann über die Motive definiert werden. Damit würden etwa Schauplätze wie Grotten oder Klosterruinen, das Teufelspaktmotiv, das Motiv der Statue, der Puppe oder des Automaten, die sich plötzlich beleben, darauf hinweisen, dass es sich um fantastische Literatur handelt.

2. Als fantastisch kann Literatur auch bezeichnet werden, wenn eine fiktive Figur Handlungen und Ereignisse als nicht mit den Gesetzen der Welt vereinbar erfährt. Charakteristisch hierfür ist das Einbrechen des Irrealen in die »reale« Welt bzw. das Verschwimmen von Realem und Fantastischem.

3. Auch die Leserin bzw. der Leser kann befinden, dass es sich um fantastische Literatur handelt, wenn das dargestellte Geschehen nicht den realistischen Erwartungen entspricht oder es unklar bleibt, wie das Erzählte einzuordnen ist.

Eine andere Defintion nimmt der Literaturtheoretiker Uwe Durst vor. Ihm zufolge umfasst die fantastische Literatur in einer »maximalistischen Definition« »alle erzählenden Texte, in deren fiktiver Welt die Naturgesetze verletzt werden« (Durst 2001, S. 27). Dies wäre ein weiter Begriff von fantastischer Literatur, die auch Fantasy- und Sciene-Fiction-Literatur, Märchen und Sagen einschlösse.

Dagegen spielt nach einer zweiten »minimalistischen Bestimmung« (Durst 2001, S. 27) die Unschlüssigkeit der Leser, ob das Dargestellte natürlich oder übernatürlich ist, eine entscheidende definitorische Rolle. Demnach wären Fantasy- und Science-Fiction-Literatur, Märchen und Sagen keine fantastische Literatur, weil dieser Zweifel, diese Unschlüssigkeit hier nicht auftreten.

Angesichts dieser definitorischen Schwierigkeiten bietet es sich an, eine grundlegende, recht allgemeine Aussage dazu zu treffen, was als fantastische Literatur verstanden werden kann. Grundsätzlich gilt, dass der Dualismus zwischen der realen und der fiktiven Welt charakteristisch für die fantastische Literatur ist.

Die Romantiker wiesen dem Fantastischen als Gegengewicht zum nüchternen Rationalismus und dem unbedingten Glauben an die Vernunft große Bedeutung zu. E. T. A. Hoffmann hat mit vielen seiner Erzählungen insofern einen besonderen Anteil an der Entwicklung der romantischen fantastischen Literatur, als er die Grenzen zwischen dem Realen und dem Fantastischen in einer äußerst kunstvollen Weise verschwimmen lässt. Charakteristisch für Hoffmanns Erzählungen ist, dass objektiv Vorhandenes und durch die subjektive Wahrnehmung Gebrochenes, bürgerliche Realität und Einbildung in seinen Erzählungen übergangslos ineinander übergehen.

<u>Literatur</u>

Durst, Uwe: Theorie der phantastischen Literatur.
Tübingen und Basel: A. Francke Verlag 2001.

Kremer, Detlef: E.T.A. Hoffmann. Leben-Werk-Wirkung.
Berlin: Walter de Gruyter GmbH 2012.

Medizin und Psychologie um 1800

»Die literarische Darstellung des Wahnsinns, die Erwähnung des Abenteurers, Geistersehers und Alchemisten Cagliostro (1743–1795), die Anspielung auf Lazzaro Spallanzani (1729–1799), einen Naturwissenschaftler, der sich mit Arbeiten über den Vulkanismus und über künstliche Befruchtung einen Namen machte, verweisen auf eine Epoche der Wissenschaftsgeschichte, an der Hoffmann intensiv Anteil hatte.« (Feldges/Stadtler 1986, S.146). Dies gilt bei Hoffmann konkret für die Auseinandersetzung mit dem Magnetismus, innerpsychischen Vorgängen und dem Wahnsinn.

Auf medizinischem Gebiet spielte zur Zeit Hoffmanns die Theorie des Magnetismus bzw. Mesmerismus (benannt nach dem Theologen und Arzt Anton Mesmer, 1734–1815) eine wichtige Rolle. Hoffmann befasste sich vor allem in seiner Bamberger Zeit mit der Theorie des tierischen Magnetismus. Er las »alle Literatur, die er zu diesem Thema auftreiben konnte, er wurde mehrfach Zeuge magnetischer Heilversuche am städtischen Krankenhaus.« (Safranski 2000, S. 295.)

Nach Mesmers Auffassung beeinflussen neben der Sonne auch Strahlungen der Planeten das menschliche Nervensystem. Wie er in seiner Schrift »Animalischer Magnetismus« darlegte, sollen sich vor allem Magnetstrahlungen auf Menschen, Tiere und Pflanzen auswirken. Der dem Mesmerismus zugrundeliegende angenommene Wirkungszusammenhang war, dass Krankheiten entstehen, wenn die notwendige Zirkulation der Körpersäfte im Körper stockt. Durch Magnete, Handauflegen, Handbewegungen, Blick (Hypnose) und Spiegel kommen die Körpersäfte wieder ins Fließen und sorgen so für die Aktivierung der Selbstheilungskräfte. Mesmer legte diese »Erkenntnisse« seinen ärztlichen Behandlungsmethoden zugrunde, die er in Wien, Paris und in seiner Heimat am Bodensee mit umstrittenen Erfolgen anwandte.

Viele Zeitgenossen um 1800 waren von der Existenz und der Möglichkeit, magnetische Kräfte für die Heilung Kranker einzusetzen, überzeugt, so z.B. Johann Wolfgang Goethe, Jean Paul und Justinus Kerner. Mesmers Ansatz wurde Ende des 18. Jahrhunderts heftig diskutiert, Gegner bekämpften die Grundannahmen und die Methode, Anhänger entwickelten den Ansatz weiter. Die Ideen bewegten die Menschen vielleicht auch deshalb, weil sie für die selbst erlebten Fälle überraschender, unerklärlicher Heilungen und Geschehnisse nach rationalen Erklärungen suchten. Der Mesmerismus wurde von Kommissionen untersucht und überwiegend kritisch beurteilt, weil der Zusammenhang zwischen der Methode und der positiven Heilwirkung nicht nachweisbar war.

Auf dem Gebiet der psychologischen Forschung gehörte um 1800 der Naturforscher, Arzt und Theologe Gotthilf Heinrich Schubert (1780–1869) zu den führenden Wissenschaftlern. Schuberts Aussagen zur Seele, besonders zu den dunklen Seiten des Seelenlebens, faszinierten die Dichter seiner Zeit: E.T.A. Hoffmann, Heinrich von Kleist und andere. In seinen *Ansichten von der Nachtseite der Naturwissenschaft* (1808) und seinen Vorlesungen legte Schubert dar, wie alles in der Welt ineinandergreift und zusammenhängt: So wie Tag und Nacht eine Einheit bilden, bildeten auch die »helle« und die »dunkle Seite« des Seelenlebens eines Menschen eine Einheit. Während die »helle Seite« die Seite des Rationalen, des Verstandes, widerspiegele, sei die »dunkle Seite« dem Verstand unzugänglich. Deren Phänomene könnten nur andeutungsweise erahnt und gefühlt werden oder sie träten als krankhaft bzw. als Anzeichen von Wahnsinn zutage, sofern die Energie der »Tagseite« nachlasse.

Auch der Naturforscher, Arzt und Philosoph Carl Gustav Carus (1789–1869) leistete einen entscheidenden Beitrag für die

Entwicklung der psychologischen Theorien zur Zeit E.T.A. Hoffmanns. In seinem Hauptwerk *Psyche* schrieb er: »Der Schlüssel zur Erkenntnis vom Wesen des bewussten Seelenlebens liegt in der Region des Unbewusstseins. [...] Wir besitzen zu jeder Zeit, während wir nur einiger weniger Vorstellungen uns wirklich bewusst sind, Tausende von Vorstellungen, welche doch durchaus dem Bewusstsein entzogen sind, welche in diesem Augenblicke nicht gewusst werden und doch da sind und folglich zeigen, dass der größte Teil des Seelenlebens in die Nacht des Unbewusstseins fällt. Späterhin [...] werden wir erkennen, dass man in dieser Beziehung das Leben der Seele vergleichen dürfe mit einem unablässig fortkreisenden großen Strome, welcher nur an einer einzigen kleinen Stelle vom Sonnenlicht – d.i. eben vom Bewusstsein – erleuchtet ist.« (Carus 1846, S.1). Carus weist bereits hier – und damit ca. 60 Jahre vor Sigmund Freud – auf die Bedeutung des Unbewussten hin.

Literatur

Carus, Carl Gustav: Psyche. Zur Entwicklungsgeschichte der Seele. Leipzig: Kröner 1846.

Feldges, Brigitte/Stadler, Ulrich: E.T.A. Hoffmann, Epoche – Werk – Wirkung. München: C.H. Beck Verlag 1986, S.85–98.

Kremer, Detlef (Hrsg.): E.T.A. Hoffmann. Leben – Werk – Wirkung. Berlin: Walter de Gruyter GmbH 2012.

Safranski, Rüdiger: E.T.A. Hoffmann. Das Leben eines skeptischen Phantasten. Frankfurt am Main: Fischer Taschenbuch Verlag 2000.

Romantik

Der Begriff *Romantik* leitet sich von dem im Altfranzösischen verwendeten Wort *roman* ab, was – dem Wortsinn nach – *Literatur* bedeutet, die in der romanischen Volkssprache geschrieben wurde und von Abenteuern, Wunderbarem und Märchenhaftem erzählt.

Romantik als literatur- und kunstgeschichtliche Epoche bezeichnet in Deutschland eine Strömung, die Ende des 18. Jahrhunderts begann und nicht nur die Literatur, sondern auch die Malerei und die Musik prägte. Während die literarische Epoche der Romantik etwa 1840 endete, reichte die Epoche in der Malerei und in der Musik bis weit in die zweite Hälfte des 19. Jahrhunderts hinein.

Romantische Literatur, die über weite Strecken zeitgleich mit klassischer Literatur entstand, richtete sich gedanklich-welt-anschaulich eher gegen das aufklärerische, vernunftorientierte Denken und betonte das Vorhandensein von Gefühl, Fantasie und Irrationalem. Gestaltet wurden u. a. innerpsychische Vor-gänge, Bedrohungen und Ahnungen, das Magische und Mys-tische, das Übernatürliche und das Wunderbare.

Die Romantiker organisierten sich z. T. in Freundeskreisen in verschiedenen Orten Deutschlands, wie z. B. im Umfeld der literarischen Salons von Rahel Varnhagen in Berlin und Caroline Schelling in Jena. Zum ersten Mal erlangten hier auch Frauen als Dichterinnen Anerkennung: Caroline Schlegel, Dorothea Veit, Sophie Mereau, Bettina von Arnim und Karo-line von Günderode sind nur einige von ihnen.

Was das Wesen der Romantik angeht, so lässt sich auch diese Epoche – ebenso wie andere literarische Epochen – nur schwer abstrakt begrifflich beschreiben. In der neueren Forschung heißt es, dass »der Gesamtbegriff der Romantik [...] heute nur schwach und unzureichend bestimmt« werden kann (Peters-dorff/Auerochs 2009, S. 7). Zur genaueren Beschreibung die-ser Epoche werden in verschiedenen Monografien unter-schiedliche Phasen angenommen. Kurt Rothmann nennt in seiner *Kleinen Geschichte der deutschen Literatur* beispiels-weise zwei Phasen: die »Ältere oder Frühromantik« und die »Jüngere, Hoch- oder Spätromantik«. E. T. A. Hoffmann wird dabei der zweiten Phase zugeordnet.

Als Ausgangspunkt romantischen Denkens kann die Philoso-phie Johann Gottlieb Fichtes gelten. Fichte hielt ab 1794 in Jena Vorlesungen über den Zusammenhang zwischen Natur und Geist und vertrat in seiner *Grundlage der gesamten Wis-senschaftslehre* (1794) die Auffassung, dass das Ich unabhän-gig von der Welt existiere: »Das Ich setzt sich selbst, schlecht-hin, weil es ist. Es setzt sich durch sein bloßes Sein, und es ist durch sein bloßes Gesetztsein. – [...] Man hört wohl die Frage aufwerfen: Was war ich wohl, ehe ich zum Selbstbewusstsein kam? Die natürliche Antwort darauf ist: Ich war gar nicht; denn ich war nicht Ich. Das Ich ist nur insofern, inwiefern es sich seiner bewusst ist.« (Fichte 1956, S. 17).

Mit dieser Auffassung, wonach das Ich absolut gesetzt wird, begeisterte Fichte die in Jena lebenden Brüder Friedrich und August Wilhelm Schlegel sowie Ludwig Tieck und Friedrich von Hardenberg (Novalis), die als Frühromantiker bezeichnet werden. Sie zeigten in ihren Schriften und Dichtungen, wie Geist und Fantasie beim Schreiben frei und der Wirklichkeit überlegen sind. Ihre Literatur »beschäftigt sich mit dem Un-endlichen, mit den grenzenlosen Bereichen menschlicher Sehnsucht, mit dem Unbewussten, mit Traum, Mystik und Dä-monie. Sie hebt die Grenze auf zwischen Glauben und Wissen, Wissen und Kunst, Kunst und Religion.« (Rothmann 2009, S. 150).

Auch der Gegensatz zwischen der Freiheit des Ich einerseits und der Enge und Gebundenheit des gesellschaftlichen Le-bens andererseits wird geschildert, und zwar als Spannung zwischen ungebundenem Künstlertum, das verherrlicht, und engstirnigem Bürgertum, das abgewertet wird. So verfassten die Dichter der Romantik neben theoretischen Schriften und Gedichten Erzählungen, Novellen und Romane, in denen z. B. die Suche nach einem freien Künstlerleben (Ludwig Tieck: *Franz Sternbalds Wanderungen*) oder die Sehnsucht nach der Ferne (Joseph Freiherr von Eichendorff: *Der Taugenichts*) im Mittelpunkt stehen.

Die politische Situation der Zeit war einerseits durch die Enge der deutschen Kleinstaaterei und andererseits von den Ideen der Französischen Revolution geprägt, die »Freiheit, Gleich-heit und Brüderlichkeit« proklamierten. Gegen die Besetzung Deutschlands durch Napoleon formierte sich der Widerstand in den Befreiungskriegen (1813–1815), der mit nationaler Be-geisterung und einer Hinwendung zum Mittelalter verbunden war, in dem man die Einheit der Nation im »Heiligen Römischen Reich deutscher Nation« und in der Einheit des katholischen Glaubens verwirklicht sah. Aus dieser Zuwendung zum Mittelalter erwuchsen u. a. Sammlungen alter deutscher Märchen, Sagen und Volksbücher durch Clemens Brentano, Achim von Arnim und Jacob und Wilhelm Grimm. Zudem entstanden zahlreiche Kunstmärchen, wie *Der Gestiefelte Kater* von Ludwig Tieck oder *Der goldene Topf* von E. T. A. Hoffmann.

Literatur

Fichte, Johann Gottlieb: Grundlage der gesamten Wissenschaftslehre.
Hamburg: Verlag Felix Meiner 1956.

Petersdorff, Dirk von / Auerochs, Bernd: Einheit der Romantik?
Zur Transformation der frühromantischen Konzepte im 19. Jahrhundert.
Paderborn: Verlag Ferdinand Schöningh 2009.

Rothmann, Kurt: Kleine Geschichte der deutschen Literatur.
Stuttgart: Philipp Reclam jun., 19. erw. Auflage 2009.

Safranski, Rüdiger: Romantik. Eine deutsche Affäre.
München: Carl Hanser Verlag 2007.

Schurf, Bernd; Wagener, Andrea (Hrsg.): Deutschbuch
Literaturgeschichte. Berlin: Cornelsen Verlag 2012.